JN110819

星栞 HOSHIORI

2024年の星占い

・獅子座・

石井ゆかり

獅子座のあなたへ
2024年のテーマ・モチーフ
解説

モチーフ：スキーとストック

　2024年前半は、獅子座の人々にとって「山の頂上」のような時間です。過去数年、あるいは10年以上をかけて登ってきた山のてっぺんに立ち、素晴らしい達成感を味わえるでしょう。そして年の半ば以降は、その場所からスキーを楽しむように、解放感に満ちて滑り降りることになります。これはもちろん悪い意味での「下降」ではありません。そうではなく、次に目指す山を探す、とても自由な時間に入るという意味です。まさにスキーのように、とても楽しい時間となるはずです。

CONTENTS

はじめに

　こんにちは、石井ゆかりです。

　2020年頃からの激動の時代を生きてきて、今、私たちは不思議な状況に置かれているように思われます。というのも、危機感や恐怖感に「慣れてしまった」のではないかと思うのです。人間はおよそどんなことにも慣れてしまいます。ずっと同じ緊張感に晒されれば、耐えられず心身が折れてしまうからです。「慣れ」は、人間が厳しい自然を生き延びるための、最強の戦略なのかもしれませんが、その一方で、最大の弱点とも言えるのではないか、という気がします。どんなに傷つけられ、ないがしろにされても、「闘って傷つくよりは、このままじっとしているほうがよい」と考えてしまうために、幸福を願うことさえできないでいる人が、とてもたくさんいるからです。

　2024年は冥王星という星が、山羊座から水瓶座への移動を完了する時間です。この水瓶座の支配星・天王星は「所有・物質的豊かさ・美・欲」を象徴する牡牛座に位置し、年単位の流れを司る木星と並んでいます。

冥王星は深く巨大な欲、社会を動かす大きな力を象徴する星で、欲望や衝動、支配力と関連づけられています。すなわち、2024年は「欲望が動く年」と言えるのではないかと思うのです。人間の最も大きな欲望は「今より落ちぶれたくない」という欲なのだそうです。本当かどうかわかりませんが、この「欲」が最強である限り、前述のような「慣れ」の世界に閉じこもり続ける選択も仕方がないのかもしれません。

　でも、人間には他にも、様々な欲があります。より美しいものを生み出したいという欲、愛し愛されたいという欲、愛する者を満たしたいという欲、後世により良いものを残したいという欲。「欲」が自分個人の手の中、自分一人の人生を超えてゆくほど大きくなれば、それは「善」と呼ばれるものに近づきます。水瓶座の冥王星は、どこまでもスケールの大きな「欲」を象徴します。世界全体にゆき渡る「欲」を、多くの人が抱き始める年です。

《注釈》

◆ 12星座占いの星座の区分け（「3/21〜4/20」など）は、生まれた年によって、境目が異なります。正確な境目が知りたい方は、P.124〜125の「太陽星座早見表」をご覧下さい。または、下記の各モバイルコンテンツで計算することができます。

インターネットで無料で調べることのできるサイトもたくさんありますので、「太陽星座」などのキーワードで検索してみて下さい。

モバイルサイト【石井ゆかりの星読み】（一部有料）
https://star.cocoloni.jp/（スマートフォンのみ）

◆ 本文中に出てくる、星座の分類は下記の通りです。

火の星座：牡羊座・獅子座・射手座　　　地の星座：牡牛座・乙女座・山羊座
風の星座：双子座・天秤座・水瓶座　　　水の星座：蟹座・蠍座・魚座

活動宮：牡羊座・蟹座・天秤座・山羊座
不動宮：牡牛座・獅子座・蠍座・水瓶座
柔軟宮：双子座・乙女座・射手座・魚座

《参考資料》

・『Solar Fire Gold Ver.9』（ソフトウェア）/ Esoteric Technologies Pty Ltd.
・『増補版　21世紀　占星天文暦』/ 魔女の家BOOKS　ニール・F・マイケルセン
・『アメリカ占星学教科書　第一巻』/ 魔女の家BOOKS　M.D.マーチ、J.マクエバーズ
・国立天文台　暦計算室Webサイト

HOSHIORI

獅子座 2024年の星模様

年間占い

❋ 勝負の年

　獅子座の2024年は「勝負の年」です。それも、一つではなくいくつもの勝負が、あなたを待っています。もとい、2023年半ばから、既に大勝負を仕掛けているあなたがいるのかもしれません。脚光を浴び、挑戦を続け、周囲を何度も驚かせながら巻き込んでいくような、熱い「勝負」のまっただ中にある人が少なくないだろうと思います。

　この時期の「勝負」は、決して個人的なものではありません。一般に「プライベート」と目される分野で勝負しているとしても、他者や外部の諸事情と無関係ではないはずです。むしろ、自分以外の人々の期待や未来を一身に背負って、純粋に利他的な気持ちで勝負を続けている人が多いはずなのです。

　この時期の「勝負」では、年の後半に向かって右肩上がりに仲間が増えていきます。応援もサポートも期待できますが、一方で、肝心なところではどうしても「甘えられない」ようです。自分自身がリーダーであり、最前線にあって、人に替わってもらうことができませ

ん。また、リソースや資金的な面でも、自分自身の力をまず、頼ることになります。支援を得られないわけではないのですが、あらかじめ他人の力を「あてにする」ことができないのです。この時期のサポートや協力はある意味偶然的に、天から降ってくるようなもので、こちらからは要求も計算も、計画もできません。あくまで孤軍奮闘しているあなたの姿を見て、その覚悟の固さに感動した人々が、結果的に支援の手を差し伸べてくれます。

　こうした「勝負」を通して、あなたはこれまでとは全く違った人間関係の中に身を置くことになります。そして、自分自身も様々に変化することが求められます。といっても、その場にいる人たちのマネをするとか、ただ言いなりに従うということでもなさそうです。「郷に入っては郷に従え」とはよく言われることですが、実際にはたとえば「新しい風を入れるために、新人を招き入れる」といったことも、世の中にはよくあります。この時期、あなたはある意味「新人」としてなんらかの場に新規参入するのかもしれません。そして「この場において、自分はどう振る舞いたいか」というこ

とを絶えず、自律的に、創造的に考えることになります。初めて飛び込んだ場で、そこでは誰もやらないようなことをパッとやって見せて、場の空気をいきなり塗り替えてしまう、といった離れ業をやってのける人もいそうです。それもまた「勝負」の一環です。

❉ 5月末まで、独自の「大成功の時間」

年の前半は、約12年に一度の「キャリアの大転換点」です。社会的立場がガラッと変わる人が少なくないでしょう。また、「外に出て仕事をしていない」という人も、周囲の人々に対して担う役割が変わったり、たとえば地域コミュニティにおいてなんらかの役職を引き受けるなど、世の中における立ち位置が少なからず変化するだろうと思います。

仕事や対外的な活動において大成功を収める人もいるでしょう。ずっと憧れていたポジションに立つことになったり、憧れの人々の輪に交じって活動したりする人もいるだろうと思います。ずっと夢見ていたことが突然実現して、その状況についていくのに精一杯、といった、文字通り「夢中」の日々を過ごせるかもしれ

ません。

　特にこの時期の「社会的立場の変化」は、突発性や意外性に満ちています。2018年頃から模索してきた道を、ここでやっと見つける人もいるでしょう。その「ブレイク」の様子は、周囲をあっと驚かせるはずです。誰かの後についていくのでもなく、既にあるものの中に自分の席を探すのでもない、ユニークで新鮮なチャレンジができます。この時期あなたが実現することは、おそらく、誰の成功とも似ていないはずです。

❋ 後半から「友情と希望の時間」

　5月末から2025年6月上旬にかけて「友情と希望の時間」となります。文字通りたくさんの友達と仲間に恵まれる、とてもゆたかな時期です。自分の夢に協力してくれる仲間に出会う人もいれば、出会った友の夢を自分の夢としてシェアする人もいるでしょう。この時期の交友関係にはあまりベタベタしたところがなく、とても自由で、開かれています。

　親身な交友関係においては、いい意味での「甘え合い」が発生します。ただ、この時期はなかなかその「甘

え合い」がストレートには生じないかもしれません。ど
こか踏み込みにくい部分があったり、あなたの側で厳
密に一線を引いたりすることになるのかもしれません。
あるいは、「甘え方を変える」人もいるかもしれません。
過去の交友関係における「自分なりのやり方」をいっ
たん放棄し、今目の前にある関係の中だけで成り立つ
コミットの方法を、新たに考える必要が出てくるのか
もしれません。

❄ 過去との勝負、現在の自分との勝負

　9月以降、もう一つ別の「勝負の時間」が展開しま
す。ここではまず、「自分を作ってきたものと向き合う
時間」が訪れ、その後に「今現在の自分と向き合う時
間」がやってきます。この「過去との向き合い」→「現
在との向き合い」のプロセスが、2025年6月にまたが
って二度、繰り返されます。

　9月から11月頭、そして2025年1月から4月半ばは、
長い間抱え続けてきた慢性的な問題、第三者には決し
て見せないできた深い悩み、後悔の種や自分を縛り続
けている記憶などに手を伸ばし、それを解決できる時

間となっています。中には「隠れた敵と闘う」人もいるでしょう。自分の中にあって自分の前進を妨害してくる「もう一人の自分」、あるいは目の上のたんこぶのような厄介な他者と正面から闘って、長い間の苦しみから自分を解き放つことができます。

さらに11月から2025年頭、そして2025年4月半ばから6月半ばは「今現在の自分と闘う」時間となっています。新たな挑戦をする人、自分を変えるための努力を始める人、「肉体改造」に取り組む人もいるでしょう。自分を鍛えたり、強くしたりできる時と言えます。この時期の「自分との闘い」の根底には、誰かへの対抗意識、ライバル心が流れているのかもしれません。密かに羨んでいる相手、打ち負かしたいと願い始めている相手を射程に入れて、それに向かって自分を「強化」していくことになるのかもしれません。

❄「隷属」状態からの解放

2008年頃から生活の中である種の苦しみに耐え続けてきた人は、遅くとも2024年11月までに、その苦悩が終わります。あまり好きではない仕事を続けざるを

得なかった人、誰かのケアのために自分の夢や望みを犠牲にしてきた人、心身の不調やなんらかの問題を抱え、そのことに生活の多くを「吸い取られる」ような状態だった人もいるかもしれません。自分以外の誰かのために、自分の生活の全てを「捧げて」きた人もいるのではないかと思います。そうした、ある種奴隷的な束縛が、2024年の終わりまでに解消されるはずです。

　人間は「習慣」に縛られる生き物でもあります。飲酒や喫煙、その他の依存的習慣に縛られ、そのことで苦悩してきた人もいるかもしれません。そうした「縛り」もまた、2024年を境に解除されます。「こんな生き方は、望んでいない」という思いを抱え続けてきた人ほど、2024年は真に望ましい生き方へと、ダイナミックに方向転換できるだろうと思います。

｛ 仕事・目標への挑戦／知的活動 ｝

　2023年半ばから2024年5月末にかけて、大活躍・大ブレイクの時間となっています。仕事において大成功を収める人、飛躍する人、大きな結果を出す人が少なくないでしょう。突然脚光を浴びたり、新しいムーブ

メントの仕掛け人になったりと、非常に華やかな舞台に身を置く人もいるはずです。社会的立場が一変し、より広い場所で、より自由に活動できるようになります。様々な形で、仕事上のしがらみや縛りから解放される時なのです。

2018年頃から非常に新しい試みを続けてきている人は、その試みが一気に花開くかもしれません。組織から独立して頑張ってきた人、なかなか理解されない中でも自分のやりたいことを貫いてきた人ほど、2024年は孤独感から解放され、多くの理解者や仲間に恵まれる時間と言えます。

さらに2024年は「働き方改革」を実現できる時間でもあります。特にこれまで「ブラック企業」的な場で無理を重ねてきた人は、その状況から思い切って離脱できそうです。転職や独立などを通して、より自由で今の自分に合った働き方を選び取れます。「コロナ禍」を通してリモートワークが広まりましたが、この時期にそうした仕組を利用し、理想の働き方を勝ち取る人も少なくないでしょう。2024年の「働き方改革」では、これまでの経験こそが非常に大きな意味を持ちま

す。経験に基づいて「この条件だけは、譲れない」という要望を整理できるのです。要望、条件をしっかり固めた人ほど、新天地を見出（みいだ）しやすいでしょう。

　社会的立場が変われば、学ぶべきことも一気に増えます。この時期のあなたは「学んでから行動に移す」のではなく、常に新しい状況、新しい任務のまっただ中で学び続けることになるでしょう。3月から4月、そして9月から10月は「師」に出会えそうです。それをきっかけに勉強を始める人が少なくないはずです。

｛ 人間関係 ｝

　総じて「人に恵まれる年」です。特に5月末からの1年は「仲間・友情の年」で、素晴らしい仲間や友に恵まれるでしょう。人脈が広がり、素晴らしいチームワークが生まれ、一人ではできないことがどんどん実現していくはずです。

　「友達・仲間」との関係は爽やかで、フラットで、オープンです。一方、2024年はそうした爽やかな関係ではない、もっと深くて濃い関わりにもスポットライトが当たっています。ここから2043年頃にかけて、非常

に強い、切っても切れないような根の深い関わりが育っていくはずなのです。人との関わりは、長く続くものほど、第三者にはわからない要素が増えていきます。「しがらみ」「複雑な関係」「ドロドロした関係」など、良くない表現で語られる結びつきも、世の中にはたくさんあります。ただ、愛の関係や親子関係その他諸々、理屈や損得では整理整頓できない関わりこそが、人生において本当に意義のある関係と言えるのではないでしょうか。実際、そうした切っても切れないような重層的な繋がりを作れず、孤独に苦しんでいる人が現代社会には、とてもたくさんいます。表面的には忌避されがちでありながら、実際には誰もが渇望している「深い関係」が、ここから2043年までの中で、あなたの世界に根を下ろすはずなのです。

{ お金・経済活動 }

「自分自身を頼る」時期です。特に、パートナーや普段関わっている人の経済状態が思わしくない場合、あなた自身が支え、主導権を握る必要が出てくるでしょう。経済活動における「他者への責任」が重みを増し、

引き受けることが多くなります。結果、新しい経済力を身につける人が少なくないはずです。経済活動において「一つ大人になる」ような体験をする人もいるでしょう。扱うお金の額が増えて日々の緊張感が増す人もいれば、今まで人に任せていた「資金繰り」にコミットし、世の中の見え方が一変する人もいそうです。自分を取り巻くお金の流れのうち、これまで見えていなかった部分が見えるようになるのです。どちらかと言えば過去、周囲の人の経済力に頼っていた人ほど、「経済的に自立しよう」という意識が生まれ、新しい行動を起こせます。ビジネスにおいても資金繰りの健全化や無借金経営を目指すなど、自立への流れが強まります。ただし、この「頼らない・頼れない」状況はごく一時的なもので、早ければ2025年半ば、遅くとも2026年頭には収束します。2024年に得られた経済的信用は、今後長くあなたの武器となります。

健康・生活

2008年以降、慢性的な心身の不調を抱えていたり、なんらかの症状を繰り返しがちだったりした人は、こ

18

の2024年を境にその問題が解決していくかもしれません。また、忙しすぎる状況、生活上のどうしてもやめられない悪癖などに悩んでいた人も、「憑き物が落ちる」かのように、その状況を脱出できそうです。ある時ふと「いつのまにか悪いクセが消えていた」ことに気づき、不思議な爽快感を味わえるでしょう。

　あるいは2008年頃からの生活がある種の「修行」のような条件を含んでいて、生命力の強さ、難局を乗り切るしぶとさ、低空飛行でも絶対に倒れない頑丈さなどを勝ち取った人もいそうです。この「修行」から2024年11月頃までに卒業できるでしょう。

　11月から2025年年明け、さらに2025年4月半ばから6月半ばにかけて、体質改善に全力で取り組む人が少なくないでしょう。健康上の小さな問題、気になっていることを、専門医に診てもらって一つ一つ潰していくような、根本的な対処ができます。また、この時期エクササイズやスポーツを始めるなど、身体を鍛える人も多そうです。

● 2024年の流星群 ●

「流れ星」は、星占い的にはあまり重視されません。古来、流星は「天候の一部」と考えられたからです。とはいえ流れ星を見ると、何かドキドキしますね。私は、流れ星は「星のお守り」のようなものだと感じています。2024年、見やすそうな流星群をご紹介します。

4月下旬から5月／みずがめ座η流星群
ピークは5月6日頃、この前後数日間は、未明2〜3時に多く流れそうです。月明かりがなく、好条件です。

8月13日頃／ペルセウス座流星群
7月半ば〜8月下旬まで楽しめる流星群です。三大流星群の一つで、2024年は8月12日の真夜中から13日未明が観測のチャンスです。夏休みに是非、星空を楽しんで。

10月前半／ジャコビニ流星群
（10月りゅう座流星群）
周期的に多く出現する流星群ですが、「多い」と予測された年でも肩透かしになることがあるなど、ミステリアスな流星群です。2024年・2025年は多数出現するのではと予測されており、期待大です。出現期間は10月6日〜10月10日、極大は10月8日頃です。

HOSHIORI

獅子座 2024年の愛
年間恋愛占い

♥ 愛の「熱量」

　情熱的に愛し合う時も、激しくケンカする時も、そこには炎が燃えています。相手に求めるもの、相手に向かう気持ちが強いほど、そうした炎が大きくなります。2024年は良くも悪くも、愛の世界で心の炎が燃え上がる時間と言えそうです。

｛ パートナーを探している人・結婚を望んでいる人 ｝

　2024年から2043年頃まで、非常に根の深い「パートナーシップの時間」が続きます。ですからパートナーを探すなら早ければ2024年、遅くとも2026年頃までには「その人」に出会えるはずです。その関係はお互いの生き方や人生を一変させるような結びつきに発展し、切っても切れない繋がりが根を下ろします。

　2024年の出会いは「正々堂々」としています。パーティーや上司の紹介など「おおやけ」の部分を含む場での出会いが期待できます。また、仕事や対外的な活動を通じての出会い、共通の知人を介しての出会いなどもありそうな時です。総じてオープンな、「社会人と

しての顔」を見せ合うようなシチュエーションで愛が
芽生える気配があるのです。

　「ずっと一緒にいられるかどうか」「一緒に過ごして
いて違和感がないか」という点が、この時期は最優先
になりそうです。一般に重視されがちな年収や職業な
どは、もしかすると「一番どうでもいい条件」なのか
もしれません。一時的にでも「物理的に、ずっとべっ
たり一緒にいる状況」を受け入れられるかどうか、そ
こが最も大切なポイントです。

{ パートナーシップについて }

　なにかしら共同で取り組むべきミッションが発生す
るかもしれません。たとえば子育てや親の介護などは
その最たるものですが、それ以外にも、二人が心を合
わせて助け合わなければならないシチュエーションが
これ以降、一気に増えそうなのです。単なる心の結び
つき以上に、生活や人生を考える上で「一緒に生きな
ければならない」状況が生じます。二人の人生が深く
融合し、「パートナーシップとは、このことだったの
か！」と認識を改めるような場面に立ち至るでしょう。

「必要とし、必要とされる」理由が、どんどん増えていきます。この流れは2043年頃まで続く長丁場のプロセスですが、その入り口となる2024年、まず「基本的な協力の体制を整える」ことが重要になります。ケンカしても折れたことのない人が折れたり、逆に、これまで折れっぱなしだったけれども試しに突っ張ってみたりと、新しい試みも必要になるかもしれません。あらゆる意味で関係が深化を始めます。「いざというとき頼りになる」という言い方がありますが、ここから先がその「いざというとき」なのかもしれません。愛が「気持ち」以上に「行動」であることを見据えて、新たな関係に入っていける年です。

｛ 片思い中の人・愛の悩みを抱えている人 ｝

　「行きつ戻りつ」を繰り返しながら最終的に前に進む年です。心を決めたはずなのにふと引き戻されたりと、過去と未来の間でうろうろする時間がありそうです。早ければ2024年中、遅くとも2026年頃までの中で、あなたは決定的な決断をし、もう二度と引き返しません。そして2043年頃まで、ある人との一対一の関係にどっ

ぷりコミットし、その関係を「確立」することになります。この相手が今あなたの悩みの対象となっている人、あるいは片思いの相手なのか、それとも別の人なのかは、ケースバイケースです。ただ、2024年を境に、ある人との固定的な関係性のレールに乗っていく可能性が、非常に高いのです。

｛ 家族・子育てについて ｝

　家族に関しては、11月以降に動きがあるかもしれません。「家族みんな」に関することではなく、家族の中の誰かと、自分自身との「一対一の関わり」にスポットライトが当たりそうです。相手を一人の人間として捉える一方で、自分もまた、一人の人間として理解してもらおう、というようなコミュニケーションを試みることになります。衝突や摩擦も起こりやすい時ですが、特にこれまで相手と自分の境界線が曖昧になり、共依存的になっていたり、個人としての独立性を尊重できなくなっていたりした人は、そうした過度の密着・融合状態をいったん分離できます。甘えすぎていた部分、甘やかしすぎていた部分があれば、そこを一度切

り離し、あるべき助け合いの形を模索できる時です。

　子育てについては、1月、11月後半から2025年年明けに動きがありそうです。特に11月後半から12月半ばは、一時的に退行するような場面、混乱しているように感じられる場面があるかもしれません。でも、これは決して「後戻り」ではありません。むしろ、ここで立ち止まり、先を急ぐことなく子供の現状、そして自分自身の現状に目を向ける勇気を持つ時、無意識に重ねていた誤解や脱線を軌道修正できます。育てる側はつい「先へ、先へ」と意識を向けた結果、「今ここ」を見失ってしまいがちです。そうした先走りを止めて「今現在」に立ち返るきっかけを掴めます。

｛ 2024年　愛のターニングポイント ｝

　1月下旬から3月前半、7月半ばから8月頭、10月後半から2025年1月頭にかけて、愛に強い追い風が吹く時期です。特に11月末から12月半ばは、失った愛がよみがえる、思いが復活する気配が。大切なものが「過去から戻ってくる」ような愛のドラマの時間です。

HOSHIORI

獅子座　2024年の薬箱

もしも悩みを抱えたら

❖2024年の薬箱 〜もしも悩みを抱えたら〜

誰でも日々の生活の中で、迷いや悩みを抱くことがあります。2024年のあなたがもし、悩みに出会ったなら、その悩みの方向性や出口がどのあたりにあるのか、そのヒントをいくつか、考えてみたいと思います。

◈「受け取り方」が変わる

自分の意志ではコントロールできないことで悩む場面が多いかもしれません。関わっている人、パートナーや家族などが「思いどおりに動いてくれない」「期待に応えてくれない」ことに苛立ったり、深い孤独感、理解されない無力感に苛(さいな)まれたりするかもしれません。「他者は思いどおりにはなってくれない」「相手には相手のリクツがあり、都合があり、願望がある」ということへの諦念が芽生えるまで、この辛さはなかなか、胸から抜けないかもしれません。「他者は思いどおりにはならない」ことを受け入れ、手放した瞬間、相手がこちらに「贈ってくれているもの」「注いでくれている思い」が見えてくる可能性があります。相手に思いがな

かったわけではなく、構えたミットの場所が間違っていたのだと気づく人もいそうです。「損得なしで」「見返りを期待せず」と口で言うのは簡単ですが、心からそう思うことは、誰にとっても至難の業です。ですが、この時期のあなたはその境地に辿り着き、そこで世界が一変するのを目の当たりにできるかもしれません。

◆「自分と闘って勝つ」過程での、成長痛

　11月から2025年1月頭、2025年4月半ばから6月半ばにかけて、苛立ちや怒りに苛まれる場面が増えるかもしれません。また、「このままではいけない」という焦りを感じ、苦悩する人もいそうです。この時期は主に「自分自身と闘う」時なので、これまでの自分に対して批判的な目を向けたり、ある種の自己否定をしなければならなくなったりするのです。変化を遂げるために、過去の自分を相対化するプロセスでの痛みを受け入れた時、成熟を経て心が解放されます。

2024年のプチ占い（牡羊座～乙女座）

牡羊座（3/21-4/20生まれ）

特別な縁が結ばれる年。特に春と秋、公私ともに素敵な出会いがありそう。年の前半は経済活動が熱く盛り上がる。ひと山当てる人も。年の半ば以降は、旅と学び、コミュニケーションの時間へ。成長期。

牡牛座（4/21-5/21生まれ）

約12年に一度の「人生の一大ターニングポイント」が5月末まで続く。人生の転機を迎え、全く新しいことを始める人が多そう。5月末以降は、平たく言って「金運の良い時」。価値あるものが手に入る。

双子座（5/22-6/22生まれ）

大きな目標を掲げ、あるいは重大な責任を背負って、ひたむきに「上を目指す」年。5月末からは素晴らしい人生のターニングポイントに入る。ここから2025年前半にかけ「運命」を感じるような出来事が。

蟹座（6/23-7/23生まれ）

夢と希望を描く年。素敵な仲間に恵まれ、より自由な生き方を模索できる。新しい世界に足を踏み入れ、多くを学べる年。9月から2025年春にかけて「自分との闘い」に挑む時間に入る。チャレンジを。

獅子座（7/24-8/23生まれ）

大活躍の年。特に5月末までは、仕事や対外的な活動において素晴らしい成果を挙げられる。社会的立場がガラッと変わる可能性も。独立する人、大ブレイクを果たす人も。11月以降も「勝負」の時間。

乙女座（8/24-9/23生まれ）

冒険と成長の年。遠い場所に大遠征を試み、人間的に急成長を遂げる人が多そう。未知の世界に思い切って足を踏み入れることになる。5月末以降は大活躍、大成功の時間へ。社会的立場が大きく変わる。

（※天秤座～魚座はP.96）

HOSHIORI

獅子座 2024年 毎月の星模様

月間占い

◆ 星座と天体の記号

「毎月の星模様」では、簡単なホロスコープの図を掲載していますが、各種の記号の意味は、以下の通りです。基本的に西洋占星術で用いる一般的な記号をそのまま用いていますが、新月と満月は、本書オリジナルの表記です（一般的な表記では、月は白い三日月で示し、新月や満月を特別な記号で示すことはありません）。

♈：牡羊座	♉：牡牛座	♊：双子座
♋：蟹座	♌：獅子座	♍：乙女座
♎：天秤座	♏：蠍座	♐：射手座
♑：山羊座	♒：水瓶座	♓：魚座
☉：太陽	●：新月	○：満月
☿：水星	♀：金星	♂：火星
♃：木星	♄：土星	♅：天王星
♆：海王星	♇：冥王星	
℞：逆行	Ɖ：順行	

◇ 月間占いのマーク

　また、「毎月の星模様」には、6種類のマークを添えてあります。マークの個数は「強度・ハデさ・動きの振り幅の大きさ」などのイメージを表現しています。マークの示す意味合いは、以下の通りです。

　マークが少ないと「運が悪い」ということではありません。言わば「追い風の風速計」のようなイメージで捉えて頂ければと思います。

★彡　　特別なこと、大事なこと、全般的なこと

✊　　　情熱、エネルギー、闘い、挑戦にまつわること

🏠　　　家族、居場所、身近な人との関係にまつわること

¥　　　経済的なこと、物質的なこと、ビジネスにおける利益

✏　　　仕事、勉強、日々のタスク、忙しさなど

♥　　　恋愛、好きなこと、楽しいこと、趣味など

1

JANUARY

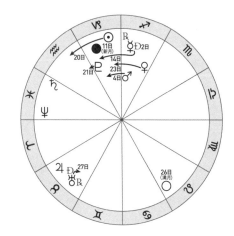

◆「任務」の再発見。　　　　　　　　　　　　　　

忙しい時期です。やるべきことが山盛りで、日々駆け回るよう
な状況になりそうです。人に振り回されているという感覚もあ
るかもしれません。ただ、自分が「果たすべきことを果たして
いる」という手応えが、この時期とても新鮮な輝きを放ちます。
見失っていた「任務」を再発見する人も。

◆「人からの思い」に縛られない。　　　　　　　　

人間関係において、いくつかの「思い込み」から脱出するよう
な体験ができるかもしれません。たとえば「人と関わる時は、こ
うでなくてはならない」「苦手な相手だが、親しくしなければな
らない」といった考えが、「実は、不要だった」と気づかされる、

そんな出来事が起こりやすい時なのです。特に、人の気を惹きたいとか、人からよく見られたいなど、「人からの思い」への執着があった人は、月の下旬あたりで、翼が生えたように、心が解放されるかもしれません。

◆目標達成への、大きな一歩。

26日前後、かなり重要なターニングポイントが巡ってきそうです。特に、これまで頑張ってきたこと、積み重ねてきたことが誰かに認められ、素晴らしいチャンスを掴む、といった展開になる可能性があります。目標達成のために大きく前進できる時です。誰かが熱く応援してくれる気配も。

♥明るい愛の季節。おおらかに。

素晴らしい愛の季節です。12月半ばから不安があった人は、年明けと同時に不安材料が消え去り、光が射し込みます。1月を通して、嬉しいことの多い時期です。月の前半は特に、ウワサは一切アテになりません。細かいことは気にしないで。

≫≫ 1月 全体の星模様 ≪

12月半ばから射手座で逆行中の水星が2日、順行に戻ります。コミュニケーション上の問題、遠方とのやりとりや移動の問題が解決に向かうでしょう。とはいえ月の半ばまでは、流言飛語の危険も。火星は山羊座で力を増し、権力闘争が煽られます。21日、昨年3月以来二度目の冥王星水瓶座入り、時代の大きな節目に。ただし冥王星の水瓶座入り完了は11月20日、まだ中間地点です。

2

FEBRUARY

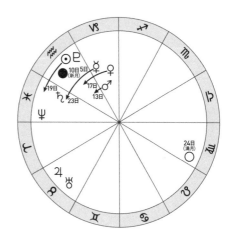

◆「人」のために力を注ぐ。　✊✊✊

自分を後回しにして、自分以外の人々のことに注力することになりそうです。人のケアやサポートに尽力したり、調整役や仲介役として活躍したりする人も多いでしょう。アクティブな時ですが、少し「自分の自由にならない」ことの多さに苛立ちを感じる場面も。月の下旬には主導権を取り戻せます。

◆必要とされる喜び、強い絆。　✐✐

月の前半は特に多忙です。人の役に立つこと、必要とされることの喜びを味わえます。また、自分の健康について、意識が強まるタイミングでもあります。新しい健康法を試したり、生活習慣をガラッと変えたりする人もいるはずです。月の後半は人

間関係がゆたかに盛り上がります。公私ともに特別な出会いがありそうですし、既にある人間関係にもダイレクトな情熱や愛が感じられ、強い結びつきを育てていけます。

◆経済活動、物質的な面での新たな動き。　　　　　　　　　¥

10日前後、人間関係上の問題が解決に向かいそうです。遠方の人の仲介も。24日前後は素敵なものが手に入る気配が。

♥深くコミットする時ほど、「自分軸」を大切に。　　♥ ♥ ♥

月の半ば以降、一気にボルテージが上がります。特に出会いを探している人にとっては、知人の紹介やマッチングサービスなど、正面からの出会いが有望です。この時期の出会いにはどこか「巻き込まれる」ような迫力があり、怒涛の展開につい、我を忘れてしまう可能性も。小さな違和感や疑問を決して見逃さず、「雰囲気に流される」ことなく相手を見つめたい時です。カップルは非常に深いコミットが起こります。相手のためにできることがたくさんある時です。

>>> 2月 全体の星模様 <

火星は13日まで、金星は17日まで山羊座に滞在します。2022年の1月から3月頭に起こった出来事をなぞるような、あるいは明確にあの頃の「続き」と感じられるような出来事が起こるかもしれません。さらに月の半ばを過ぎて、社会的に非常にビビッドな転換点が訪れるでしょう。冥王星に火星、金星が重なり、人々の「集合的無意識」が表面化して大きな潮流が生じます。

MONTHLY
HOROSCOPE

3

MARCH

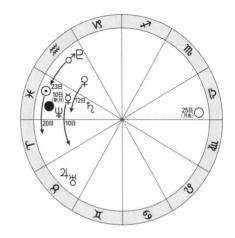

◆強烈な人物。

人間関係にいつになく熱がこもります。強烈なキャラクターの持ち主にぐいぐい引っ張られたり、誰かにどーんと惚れ込んだり、命がけの闘いを挑んだりすることになるかもしれません。良くも悪くも非常に強い力で誰かの存在に惹きつけられ、その人を中心にして生活が回っていくような時間帯です。

◆謎が解ける後半。

月の上旬までは、少し不可解なギフトを受け取る機会が多いかもしれません。「これは何に使うのだろう？」「量が多すぎる・少なすぎるなあ」など、受け取って戸惑うことになりがちです。それが月の半ばを過ぎると、一転して「嬉しい！」と思えるギ

フトが増えていきます。さらに、月の前半の「謎のギフト」も、後半に「こう使えばいいのか！」など、謎が解け、伏線が回収されていく展開になるかもしれません。

◆「知」が力になる。

中旬以降、知的活動に追い風が吹き始めます。このところ取り組んでいる大きめのミッションに必要な、様々な情報・知識が流入し、活動全体が活性化し始めます。

♥特別な熱量の愛。

愛と情熱の季節です。誰かとドラマティックな形で向き合うことになります。愛を探している人は電撃的に恋に落ちる可能性も。相手の個性の強さに驚かされる一方で、自分も個性を出しやすくなるかもしれません。全力でぶつかってもどーんと受け止めてくれるような、強い相手に出会えます。カップルも情熱的に過ごせる時ですが、勢い余ってケンカになる危険も。優しい気持ち、愛情表現、感謝の言葉を大切に。

3月 全体の星模様

火星が冥王星と水瓶座に同座し、非常に鉄火な雰囲気が漂います。2023年頃から静かに燃え始めた野心が、最初のハッキリした「発火」を起こしそうです。月の上旬は水星が魚座に位置していて、コミュニケーション上の混乱が起こりやすいかもしれません。10日を境にその混乱がすうっと収まり、かわってとても優しい愛が満ちてきます。共感と信頼、救済の力を感じられます。

4

APRIL

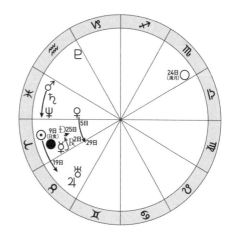

◆**距離と時間を超える。**

遠くから「戻ってくるもの」がある時です。遠く離れていた友
や身内が帰ってきたり、預けてあったものが戻ってきたりする
かもしれません。遠方との間に橋が架かるのですが、その橋を
渡ることで過去に戻れます。時間を遡って学べることがありま
す。恩師との再会など、深く原点回帰できる場面も。

◆**粘り強く食らいついて、得るものがある。**

たとえば「熱いオファーを受けたが、内容が難しすぎるかもし
れない」といったシチュエーションがありそうです。この場合、
その難しさを敢えて引き受けてみることで、成長できます。た
だ、学びながら前進する必要があるため、決してそのプロセス

はスムーズではありません。混乱や躓（つまず）きの中でもがくうち、遅くとも月末には「引き受けて良かった、正解だった！」という地平に辿り着けます。4月中は少しうまくいかなくても諦めず、粘り強く食らいついてみたいところです。

◇**遠方から、不思議な朗報が。**

9日前後、遠方から驚きの朗報が飛び込んできそうです。嬉しいゴーサインが出ます。24日前後、家族のことで変化が。

♥**心身の融け合う愛。**

官能的な時間です。愛する人との心身の距離がぐっと縮まり、濃密な体験ができそうです。パートナーがいる人は特に、お互い与え合えるものが多い時です。愛を探している人は、遠出した先で愛の感情がよみがえる気配が。懐かしい場所での再会、愛の再燃も。フリーの人も、誘惑が多い時期です。守りたいものがある人は、その場の雰囲気に流されて傷つくことのないよう、自分の心、相手の姿勢をよく見つめて。

》》 4月 全体の星模様

水星が牡羊座で逆行し、そこに金星が重なります。これは、混乱や緩みが感じられる配置です。年度替わりに「スタートダッシュ！」と意気込んでも、なぜかもたもた、ノロノロするかもしれません。先を急がずどっしり構えることがポイントです。魚座で土星と火星が同座し、ある種の手厳しさが強調されています。不安が反転して怒りが燃え上がるような、「逆ギレ」的展開も。

5

MAY

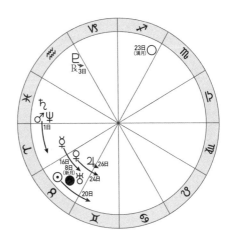

◆**大活躍のクライマックス。**

2023年5月からの「大活躍の季節」が、ここでクライマックス
を迎えます。約1年ほど頑張ってきたことが実を結び、「その先」
に進むための扉が大きく開かれます。特に8日前後、びっくり
するようなチャンスが巡ってくるかもしれません。社会的な立
場がガラッと変わる人も少なくないはずです。

◆**移動と学びへの情熱。**

遠出の時間です。上記の通り、仕事や対外的な活動が忙しい一
方で、遠征、出張といった移動も重なる時なのです。非常に大
事な使命を抱いて遠く出かけていく人も多いでしょう。遠方に
引っ越す人も。特に月の前半は、家に帰る暇がないほど頻繁に

出歩くことになるかもしれません。勉強や研究、取材、発信など知的活動全般に熱い追い風が吹く時期でもあります。学ぶこと、伝えることに全力で向き合えます。

◆**肩の力が抜け、視野が広がる。**
20日から26日頃を境に、熱いミッションが一段落し、プレッシャーから解放されます。視野が広がり、物事を長い目で捉えられるようになり、人脈が広がり始めます。

♥**強烈に引き合う力。** ♥ ♥
23日前後「愛が満ちる・実る」タイミングです。友人知人との関係が一気に恋愛へと進展したり、磁力に引き寄せられるように誰かとの距離が縮まったりするかもしれません。この時期の愛のドラマでは、あなたを「引っ張る力」が非常に強く作用するので、「抗えない」感覚があるのではないかと思います。カップルも互いに求め合う力が強まります。「この人でなければならない」という確信が持てそうです。

5月 全体の星模様

牡牛座に星々がぎゅっと集まり、2023年5月からの「牡牛座木星時間」の最終段階に素晴らしい彩りを添えます。約1年頑張ってきたことがここで、非常に華やかな形で「完成」しそうです。牡牛座は物質・お金の星座であり、社会的には経済や金融などの分野で大変化が起こる可能性があります。20日から26日にかけて星々は順次双子座へ移動し、新しい時間が幕を開けます。

MONTHLY
HOROSCOPE

6

JUNE

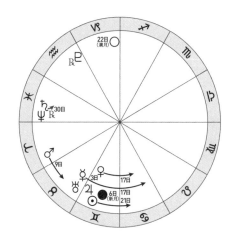

◆ **広い世界に、個人として出てゆく。**

素晴らしい仲間に恵まれます。新しい友達ができたり、知り合いが「親友」に変わったりするかもしれません。また、サークルに参加する、イベントに足を運ぶなど、個人として広い人間関係の中に身を置く機会が増えるでしょう。人との出会いを通して視野が広がり、新しい夢を見つけられそうです。

◆ **熱い冒険と学びの上旬。**

月の上旬は引き続き、遠くへ出かける機会が多そうです。出かけた先で面白い出会いが期待できます。また、新しい夢を見つけ、その夢に向かっていくために勉強を始める人もいるでしょう。できるだけ広く情報を集め、緻密な計画を練ることがポイ

ントです。上旬にどれだけしっかり準備できるかが、その後の
展開を左右します。

◈新しいフィールドで、最初のひと暴れ。
9日以降、仕事や対外的な活動において大勝負に挑みます。こ
こから7月中旬にまたがって、熱いチャレンジの時間となって
います。5月末までに切り開いた新しいフィールドで、思う存
分大暴れできるでしょう。ガンガン挑戦して。

♥信頼しているよ、と伝える方法。 ♥ ♥
月の前半は交友関係の中から愛が芽生える気配があります。友
達の紹介や仲間内の集まりなども期待できます。月の半ば以降
は一転して、知り合いがいないところでの出会い、単独行動の
中での出会いがありそうです。カップルは互いに助け合う場面
が増えるでしょう。素直に弱みを見せること、ちょっとしたこ
とでもサポートを求めることで、心の距離が縮まります。相手
への信頼を、行動で表現できる時です。

>>> ◁ 6月 全体の星模様 ▷

双子座入りした木星に、水星、金星、太陽が寄り添い、ゆたかな
コミュニケーションが発生しそうです。どの星もにぎやかでおし
ゃべりな傾向があり、あらゆる立場の人が一斉にしゃべり出すよ
うな、不思議なかしましさが感じられるでしょう。17日、水星と
金星が揃って蟹座に抜けると、騒々しさは少し落ち着くかもしれ
ません。全体に「流言飛語」「舌禍」に気をつけたい時間です。

MONTHLY
HOROSCOPE

7

JULY

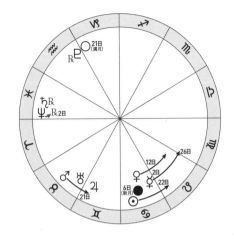

◇人の「輪」に身を置く。　

にぎやかで忙しい時期です。なにかと人に囲まれ、ワイワイと
楽しく過ごせるでしょう。普段から周囲に人が集まってくる傾
向のあるあなたですが、この時期は特に、あなたを中心とした
「輪」が生まれます。あるいは、新しい人の輪に参加して、じわ
じわと自分の居場所を作ってゆく人もいそうです。

◇思い切って「弾ける」時。　

仕事や対外的な活動における「勝負」の時間が続いています。21
日まで、大胆なチャレンジをする人が多いでしょう。周囲がび
っくりするような選択をしたり、突発的なチャンスでいきなり
ブレイクを果たしたりと、決定的な、弾けるような瞬間があり

46

そうです。妙に保険をかけたり、「つぶしがきく」選択肢を探したりするのは、この時期はかえって危険かもしれません。敢えて安全策をとらないほうが安定しそうです。

◆ **熱い夢を、具体的に掲げる。**
21日以降、非常に長期的な視野に立って、壮大な計画を立てることになるかもしれません。大きな夢をある程度具体的に掲げ、すぐに動き出せます。仲間と夢を共有できます。

♥ **キラキラの愛の季節。**　　　　　　　　　♥ ♥ ♥
12日から愛の季節に入ります。あなたという存在にスポットライトが当たり、キラキラと輝いて、褒められたり誘われたりと、嬉しいことがたくさん起こります。愛を探している人は、イメージチェンジが「効く」かもしれません。ファッションやヘアスタイルを刷新することで、心の中にも新しい火が灯りそうです。21日前後、誰かの心に深く踏み込むようなシーンが。カップルもとても親密になれそうです。

7月 全体の星模様

牡牛座の火星が天王星に重なり「爆発的」な雰囲気です。特に経済活動に関して、驚きの変化が起こりそうです。蓄積されてきたエネルギーに火がつく節目です。21日、火星は木星が待っている双子座に入ります。この21日は今年二度目の山羊座の満月で、水瓶座に移動完了しつつある冥王星と重なっていて、こちらも相当爆発的です。世の中がガラッと変わるような大ニュースも。

8

AUGUST

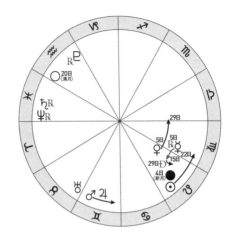

◆立ち止まって、ゆっくり過ごす。

ペースを落として、ゆっくり過ごせる時です。物事が一時的に
停滞したり、混乱したりするかもしれませんが、焦る必要は少
しもありません。立ち止まって手元や足元をしっかり見つめる
ことで、素敵なものが手に入る気配も。「すぐそこにあったのに
気づかなかった、価値あるもの」を手に取れます。

◆ケンカの仲裁から、リーダーに。

人間関係全般が熱く盛り上がる時間です。特にチームやサーク
ル、同僚との関係など、普段「皆で活動する場」に身を置いて
いる人は、メンバー同士のいざこざや議論に巻き込まれるかも
しれません。ケンカの仲裁や人間関係の修復に「ひと肌脱ぐ」

人も多そうです。トラブルの調停役になることで、結果的にリーダー的なポジションに立つ人も。

◆**二つの転換点。**　　　　　　　　★彡★彡★彡
4日前後、特別なスタートラインに立つ人が多いでしょう。ここから始まったことは大スケールの展開を見せます。20日前後、大ブレイクを果たす人がいるかもしれません。誰かとタッグを組んで、大きく飛躍できそうな節目です。

♥**未来のヴィジョンを共有する。**　　　　　　🤚🤚
5日まで、キラキラの愛の季節の中にあります。特に4日前後は、素敵な出会いに恵まれる人もいるでしょう。さらに20日前後は、愛の物語が大きく進展するタイミングです。遠い未来を見据え、お互いがいる幸福なヴィジョンや夢を確かめ合えます。愛を探している人は、とにかく交友関係を広げ、友達と関わっていくと良さそうです。フラットな人間関係の輪の中に身を置くと、自然に愛が芽生えます。

>>> 8月 全体の星模様 <<<

双子座に火星と木星が同座し、あらゆる意味で「熱い」時期となっています。荒ぶるエネルギーが爆発するようなイメージの配置で、普段抱えている不満や問題意識がはじけ飛んだようなアクションを起こせそうです。徹底的な交渉の上で要求を通せます。一方、5日から29日まで水星が乙女座ー獅子座にまたがって逆行します。金星も重なっていて、少々グダグダになる雰囲気も。

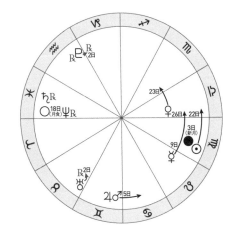

◆「先」に繋がるコミュニケーション。　

素晴らしいコミュニケーションに包まれます。特に月の上旬は、色々な人と広く対話し、心躍るきっかけをたくさん掴めるでしょう。ここで語り合えたことは全て「この先」に繋がります。中旬以降もあちこちから声をかけられ、誘い出されるような場面が増えるはずです。レスポンスに心を込めて。

◆「隠れた問題」を解決できる。　

5日から11月頭にかけ「隠れた敵と闘って、倒す」時間となります。目の上のたんこぶのような人と勝負できるかもしれません。あるいは、隠れた問題の解決に取り組んだり、「いつも自分の邪魔をしてくる、もう一人の自分」と闘ったりする人もいる

でしょう。生活の中の厄介なボトルネックを解消すべく、行動を起こす人もいるだろうと思います。自分一人で解決できないことに、誰かが手を差し伸べてくれる気配も。

◆お金にまつわる嬉しい動き。

8月中に経済活動に混乱を来（きた）していたなら、9月中旬以降にスッキリ解決しそうです。3日前後、素敵なものが手に入る気配も。18日頃に経済的な不安が一気に解消するかも。

♥軽やかな活性期。

肩の力の抜けた、爽やかで穏やかな雰囲気が漂います。片思い中の人は意中の人に話しかけるきっかけを掴みやすいでしょう。何気ない雑談の中で、自然に距離を縮められそうです。カップルもとても話が弾みます。知的好奇心を刺激されるようなスポットに出かけ、共有の話題を増やすなど、話題作りを工夫したい時です。散歩やちょっと買い物に出かけた道行きで、不思議と深い話ができそうです。

▶▶ 9月 全体の星模様 ◀

双子座で木星と同座していた火星が蟹座に抜け、ヒートアップした雰囲気が一段落します。金星は既に天秤座に「帰宅」しており、水星も順行に戻って9日から乙女座入り、オウンサインです。水星も金星も自分の支配する星座で、その力がストレートに出やすいとされる配置になります。コミュニケーションやビジネス、交渉や人間関係全般が、軌道修正の流れに乗ります。

10

OCTOBER

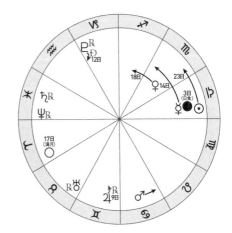

◆隠れたハードルを越えてゆく。

「隠れた敵に立ち向かう」時間の中にあります。生活の慢性的な
問題、心の中のカベやハードルなど、外側からは見えない悩み
を解決できるのです。この時期は特に身近な人のサポートが得
られます。家族や身内と一緒に、面倒な問題を根っこまで掘り
下げて、きれいに片づけることができそうです。

◆身近な人と盛り上がる。

プライベートがとてもにぎやかな時期です。なにかと来客が多
かったり、自分からも身近な人を訪ねて回ったりと、「近しい
人」との交流が密度を増すでしょう。相談事やウワサ話、愚痴
の言い合いなどが心の距離を縮めます。ただ、ここで過度に「話

を盛る」と、後でその話があちこちに飛び火する危険がありそうです。流言飛語の火種にならないよう、気をつけて。

◆ **ミラクルなコミュニケーション。**
3日前後、意外な朗報が飛び込んで来そうです。待たされていたことにゴーサインが出るかもしれません。17日前後、ずっと行きたかった場所に「満を持して」行けることになる気配が。勉強や知的活動において大きな成果を挙げる人も。

♥ **広い世界の中で「ともにある」こと。** ♥ ♥ ♥
18日から11月前半にかけて、キラキラの愛の季節の到来です。フリーの人にもカップルにも、素敵なことがたくさん起こるでしょう。パートナーがいる人は「この広い社会において、相手という心強い味方がいる」ことの素晴らしさを実感できるでしょう。愛を探している人は、公私ともに人間関係が広がっていく中で、愛のきっかけを掴めます。人が集まる場、イベントや社会的な活動の場などにチャンスが。

>> **10月 全体の星模様** <<

引き続き、火星が蟹座に位置し、金星は蠍座に入っています。太陽は天秤座で、これらの配置は全て「ちょっと変則的な面が出る」形とされています。エネルギーが暴走したり、タイミングがズレたりと、想定外の展開が多そうですが、そうしたはみ出る部分、過剰な部分がむしろ、物事の可能性を広げてくれます。3日は天秤座での日食、南米などで金環日食が見られます。

11

NOVEMBER

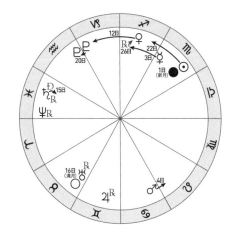

◆**二段階の「勝負」の時間。**

熱い「勝負」の時間に入ります。ここから1月頭まで、そして
2025年4月半ばから6月半ばの二段階にわたり、全力で戦って
勝利できる時間となっています。誰かと真剣勝負する人、大き
な目標にチャレンジする人、自分自身との闘いに挑む人も少な
くないでしょう。自分自身の力で現状を変えられます。

◆**「好きなこと」から人脈が広がる。**

交友関係がどんどん広がる時期です。特に、趣味や興味あるこ
とを共有できる人々との関係が膨らみます。ただ、たとえば好
きなことについて語り合うような場面では、言葉にすればする
ほど「自分の本当の気持ち」が置いてきぼりになってしまうよ

うな現象も起こるものです。個人的な喜び、楽しみを大切にしたい人は、「一番大事なところだけは、語らずにとっておく」といった工夫が功を奏するかもしれません。

◇公私ともに「居場所」が変わる。

1日前後、家族や居場所に関することで、新しい展開がありそうです。生活に新風が吹き込みます。16日前後、仕事や対外的な活動の場でなんらかの「ブレイクスルー」の気配が。

♥自分の手で愛のドラマを動かせる。　♥♥

愛について考え、語り、自分の手で愛のドラマを動かせる時です。カップルは思いを言葉にすることが重要ですし、愛を探している人は物理的に「探しに行く」アクションが求められます。この時期、愛する人との対話が非常に深まり、時間をかけてじっくり話し合って結論を出す、といった流れに入る人もいるでしょう。不器用でも、なかなか伝わらなくても、諦めずに語り続けていくことに意義があります。

》11月 全体の星模様《

火星は4日から1月6日まで獅子座に滞在し、さらに逆行を経て2025年4月18日から6月17日まで長期滞在します。2025年半ばまでの中で、二段階にわたる「勝負」ができる時と言えます。射手座の水星と双子座の木星は、互いに支配星を交換するような「ミューチュアル・リセプション」の位置関係になります。錯綜するニュースがセンセーショナルに注目されそうです。

MONTHLY HOROSCOPE

12

DECEMBER

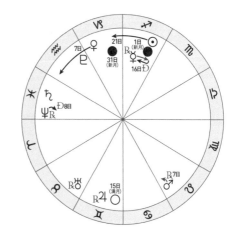

◆**周囲を巻き込む闘い。**

引き続き、勝負の時間の中にあります。1月6日までガンガン闘って、多くを得られます。月の前半は想定外の展開、予定の変更など混乱もあるかもしれませんが、半ば以降はかなり思い切った手をどんどん打てそうです。味方や理解者、協力者にも恵まれる時です。人を巻き込みながら挑戦できます。

◆**本気になると、自信がゆらぐ。**

やりたいことや夢が見つかると、それに向かっていく自分の力が気になります。「この夢を叶えるための才能が、自分には備わっているのだろうか？」という疑問が湧くのです。この時期は特に、周囲と自分を比べて自信喪失したり、夢を信じる気持ち

56

が弱くなったりと、「自分」がぐらつくような場面があるかもしれません。ですが基本的に、この時期は「自信を失って諦める」流れにはなっていません。むしろ、夢に向かって本気になったからこそ、自分の力について悲観的になってしまう、ということなのだろうと思います。月の半ばを過ぎると少しずつ、元気が出てきます。「やりたい」と思えること自体が、一つの立派な才能です。

♥ 混乱を超える時に見えるもの。

素晴らしい愛の時間です。月の前半は誤解やすれ違いなど混乱が起こりそうですが、半ばを過ぎるとリカバリできます。小さな行き違いを乗り越えるような努力がそのまま、愛を深めるきっかけになる気配も。トラブルを乗り越える時にこそ、普段隠れている顔が垣間見えます。パートナーとの関係は年末に向けて、とてもあたたかくなります。愛に溢れる美しい時間を過ごせるでしょう。愛を探している人は、たくさん年賀状を出して、人に会うきっかけを作ってみて。

》12月 全体の星模様《

水星は16日まで射手座で逆行します。「流言飛語による混乱」を感じさせる形です。コミュニケーションや交通機関にまつわる混乱が起こりやすいかもしれません。火のないところにウワサが立って大きくなる時なので「舌禍」に気をつけたいところです。水瓶座入りしたばかりの冥王星に、獅子座の火星が180度でアプライ（接近）します。欲望や戦意が荒ぶる高揚を見せそうです。

月と星で読む
獅子座 366日のカレンダー

◆月の巡りで読む、12種類の日。

　毎日の占いをする際、最も基本的な「時計の針」となるのが、月の動きです。「今日、月が何座にいるか」がわかれば、今日のあなたの生活の中で、どんなテーマにスポットライトが当たっているかがわかります（P.64からの「366日のカレンダー」に、毎日の月のテーマが書かれています。●マークは新月や満月など、◆マークは星の動きです）。

　本書では、月の位置による「その日のテーマ」を、右の表のように表しています。

　月は1ヵ月で12星座を一回りするので、一つの星座に2日半ほど滞在します。ゆえに、右の表の「○○の日」は、毎日変わるのではなく、2日半ほどで切り替わります。

　月が星座から星座へと移動するタイミングが、切り替えの時間です。この「切り替えの時間」はボイドタイムの終了時間と同じです。

1. **スタートの日**：物事が新しく始まる日。
「仕切り直し」ができる、フレッシュな雰囲気の日。

2. **お金の日**：経済面・物質面で動きが起こりそうな日。
自分の手で何かを創り出せるかも。

3. **メッセージの日**：素敵なコミュニケーションが生まれる。
外出、勉強、対話の日。待っていた返信が来る。

4. **家の日**：身近な人や家族との関わりが豊かになる。
家事や掃除など、家の中のことをしたくなるかも。

5. **愛の日**：恋愛他、愛全般に追い風が吹く日。
好きなことができる。自分の時間を作れる。

6. **メンテナンスの日**：体調を整えるために休む人も。
調整や修理、整理整頓、実務などに力がこもる。

7. **人に会う日**：文字通り「人に会う」日。
人間関係が活性化する。「提出」のような場面も。

8. **プレゼントの日**：素敵なギフトを受け取れそう。
他人のアクションにリアクションするような日。

9. **旅の日**：遠出することになるか、または、
遠くから人が訪ねてくるかも。専門的学び。

10. **達成の日**：仕事や勉強など、頑張ってきたことについて、
何らかの結果が出るような日。到達。

11. **友だちの日**：交友関係が広がる、賑やかな日。
目指している夢や目標に一歩近づけるかも。

12. **ひみつの日**：自分一人の時間を持てる日。
自分自身としっかり対話できる。

◆ 太陽と月と星々が巡る「ハウス」のしくみ。

前ページの、月の動きによる日々のテーマは「ハウス」というしくみによって読み取れます。

「ハウス」は、「世俗のハウス」とも呼ばれる、人生や生活の様々なイベントを読み取る手法です。12星座の一つ一つを「部屋」に見立て、そこに星が出入りすることで、その時間に起こる出来事の意義やなりゆきを読み取ろうとするものです。

自分の星座が「第1ハウス」で、そこから反時計回りに12まで数字を入れてゆくと、ハウスの完成です。

第1ハウス：「自分」のハウス
第2ハウス：「生産」のハウス
第3ハウス：「コミュニケーション」のハウス
第4ハウス：「家」のハウス
第5ハウス：「愛」のハウス
第6ハウス：「任務」のハウス
第7ハウス：「他者」のハウス
第8ハウス：「ギフト」のハウス
第9ハウス：「旅」のハウス
第10ハウス：「目標と結果」のハウス
第11ハウス：「夢と友」のハウス
第12ハウス：「ひみつ」のハウス

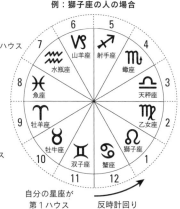

例：獅子座の人の場合

自分の星座が
第1ハウス

反時計回り

たとえば、今日の月が射手座に位置していたとすると、この日は「第5ハウスに月がある」ということになります。

前々ページの「〇〇の日」の前に打ってある数字は、実はハウスを意味しています。「第5ハウスに月がある」日は、「5. 愛の日」です。

太陽と月、水星から海王星までの惑星、そして準惑星の冥王星が、この12のハウスをそれぞれのスピードで移動していきます。「どの星がどのハウスにあるか」で、その時間のカラーやそのとき起こっていることの意味を、読み解くことができるのです。詳しくは『星読み＋2022〜2032年データ改訂版』（幻冬舎コミックス刊）、または『月で読むあしたの星占い』（すみれ書房刊）でどうぞ！

1 ・JANUARY・

1	月	**お金の日** いわゆる「金運がいい」日。実入りが良く、いい買い物もできそう。

2	火	**お金の日** いわゆる「金運がいい」日。実入りが良く、いい買い物もできそう。 ◆水星が「愛」のハウスで順行へ。愛や創造的活動の「前進再開」。発言力が強まる。

3	水	**お金の日 ▶ メッセージの日**　　　　　　　　　[ボイド] 08:38〜09:48 「動き」が出てくる。コミュニケーションの活性。

4	木	**◐メッセージの日** 待っていた朗報が届く。勉強が捗る。外に出たくなる日。 ◆火星が「任務」のハウスへ。多忙期へ。長く走り続けるための必要条件を、戦って勝ち取る。

5	金	**メッセージの日 ▶ 家の日**　　　　　　　　　　[ボイド] 20:42〜21:41 生活環境や身内に目が向かう。原点回帰。

6	土	**家の日** 「普段の生活」が充実。身内との関係強化。環境改善ができる。

7	日	**家の日** 「普段の生活」が充実。身内との関係強化。環境改善ができる。

8	月	**家の日 ▶ 愛の日**　　　　　　　　　　　　　[ボイド] 05:24〜06:10 愛の追い風が吹く。好きなことができる。

9	火	**愛の日** 愛について嬉しいことがある。子育て、趣味、創作にも追い風が。

10	水	**愛の日 ▶ メンテナンスの日**　　　　　　　　　[ボイド] 03:26〜10:35 「やりたいこと」から「やるべきこと」へのシフト。

11	木	**●メンテナンスの日** 生活や心身の故障部分を修理できる。ケアしたり、されたり。 🌙「任務」のハウスで新月。新しい生活習慣、新しい任務がスタートするとき。体調の調整。

12	金	**メンテナンスの日 ▶ 人に会う日**　　　　　　　[ボイド] 11:35〜12:03 「自分の世界」から「外界」へ出るような節目。

13	土	**人に会う日**　　　　　　　　　　　　　　　　[ボイド] 19:00〜 人に会ったり、会う約束をしたりする日。出会いの気配も。

14	日	**人に会う日 ▶ プレゼントの日**　　　　　　　　[ボイド] 〜12:31 他者との関係に、さらに一歩踏み込めるように。 ◆水星が「任務」のハウスへ。日常生活の整理、整備。健康チェック。心身の調律。

15	月	**プレゼントの日** 人から貴重なものを受け取れる。提案を受ける場面も。

16	火	**プレゼントの日 ▶ 旅の日**　　　　　　　　　　[ボイド] 13:34〜13:50 遠い場所との間に、橋が架かり始める。

17	水	旅の日 遠出したり、遠くから人が訪ねてくれたりする日。発信力も増す。
18	木	●旅の日 ▶ 達成の日 　　　　　　　　　　　[ボイド] 17:04〜17:14 意欲が湧く。はっきりした成果が出る時間へ。
19	金	達成の日 目標に手が届く。結果が出る日。人から認められる場面も。
20	土	達成の日 ▶ 友だちの日 　　　　　　　　　　[ボイド] 22:59〜23:00 肩の力が抜け、伸びやかな気持ちになれる。 ◆太陽が「他者」のハウスへ。1年のサイクルの中で人間関係を「結び直す」とき。
21	日	友だちの日 未来のプランを立てる。友だちと過ごせる。チームワーク。 ◆冥王星が「他者」のハウスへ。ここから2043年頃にかけ、人間関係が根源的に変容する。
22	月	友だちの日 未来のプランを立てる。友だちと過ごせる。チームワーク。
23	火	友だちの日 ▶ ひみつの日 　　　　　　　　　[ボイド] 05:42〜06:52 ざわめきから少し離れたくなる。自分の時間。 ◆金星が「任務」のハウスへ。美しい生活スタイルの実現。美のための習慣。楽しい仕事。
24	水	ひみつの日 一人の時間。過去を振り返り、戦略を練る。自分を大事にする。
25	木	ひみつの日 ▶ スタートの日 　　　　　　　　[ボイド] 08:00〜16:38 新しいことを始めやすい時間に切り替わる。
26	金	○スタートの日 主役の意識で動く。新しい選択肢を選べる。気持ちが切り替わる。 ☽「自分」のハウスで満月。現在の自分を受け入れられる。誰かに受け入れてもらえる。
27	土	スタートの日 　　　　　　　　　　　　　　[ボイド] 06:21〜 主役の意識で動く。新しい選択肢を選べる。気持ちが切り替わる。 ◆天王星が「目標と結果」のハウスで順行へ。行動の準備が整う。目標に向かって殻を破れる。
28	日	スタートの日 ▶ お金の日 　　　　　　　　　[ボイド] 〜04:13 物質面・経済活動が活性化する時間に入る。
29	月	お金の日 いわゆる「金運がいい」日。実入りが良く、いい買い物もできそう。
30	火	お金の日 ▶ メッセージの日 　　　　　　　　[ボイド] 08:22〜17:06 「動き」が出てくる。コミュニケーションの活性。
31	水	メッセージの日 待っていた朗報が届く。勉強が捗る。外に出たくなる日。

2 ·FEBRUARY·

1 木
メッセージの日 　　　　　　　　　　　　　　　　　　　　　　［ボイド］18:05〜
待っていた朗報が届く。勉強が捗る。外に出たくなる日。

2 金
メッセージの日 ▶ 家の日 　　　　　　　　　　　　　　　　　　［ボイド］〜05:39
生活環境や身内に目が向かう。原点回帰。

3 土
◗ 家の日
「普段の生活」が充実。身内との関係強化。環境改善ができる。

4 日
家の日 ▶ 愛の日 　　　　　　　　　　　　　　　　　　　　　［ボイド］12:26〜15:30
愛の追い風が吹く。好きなことができる。

5 月
愛の日
愛について嬉しいことがある。子育て、趣味、創作にも追い風が。
◆水星が「他者」のハウスへ。正面から向き合う対話。調整のための交渉。若い人との出会い。

6 火
愛の日 ▶ メンテナンスの日 　　　　　　　　　　　　　　　　［ボイド］14:08〜21:10
「やりたいこと」から「やるべきこと」へのシフト。

7 水
メンテナンスの日
生活や心身の故障部分を修理できる。ケアしたり、されたり。

8 木
メンテナンスの日 ▶ 人に会う日 　　　　　　　　　　　　　　［ボイド］16:54〜23:01
「自分の世界」から「外界」へ出るような節目。

9 金
人に会う日
人に会ったり、会う約束をしたりする日。出会いの気配も。

10 土
● 人に会う日 ▶ プレゼントの日 　　　　　　　　　　　　　　［ボイド］08:01〜22:44
他者との関係に、さらに一歩踏み込めるように。
☽「他者」のハウスで新月。出会いのとき。誰かとの関係が刷新。未来への約束を交わす。

11 日
プレゼントの日
人から貴重なものを受け取れる。提案を受ける場面も。

12 月
プレゼントの日 ▶ 旅の日 　　　　　　　　　　　　　　　　　［ボイド］21:33〜22:27
遠い場所との間に、橋が架かり始める。

13 火
旅の日
遠出したり、遠くから人が訪ねてくれたりする日。発信力も増す。
◆火星が「他者」のハウスへ。摩擦を怖れぬ対決。一対一の勝負。攻めの交渉。他者からの刺激。

14 水
旅の日 　　　　　　　　　　　　　　　　　　　　　　　　　　［ボイド］19:22〜
遠出したり、遠くから人が訪ねてくれたりする日。発信力も増す。

15 木
旅の日 ▶ 達成の日 　　　　　　　　　　　　　　　　　　　　［ボイド］〜00:04
意欲が湧く。はっきりした成果が出る時間へ。

16 金
達成の日
目標に手が届く。結果が出る日。人から認められる場面も。

17	土	●達成の日 ▶ 友だちの日　　　　　　　　　　［ボイド］00:02〜04:41 肩の力が抜け、伸びやかな気持ちになれる。 ◆金星が「他者」のハウスへ。人間関係から得られる喜び。愛あるパートナーシップ。
18	日	友だちの日 未来のプランを立てる。友だちと過ごせる。チームワーク。
19	月	友だちの日 ▶ ひみつの日　　　　　　　　　　［ボイド］12:22〜12:26 ざわめきから少し離れたくなる。自分の時間。 ◆太陽が「ギフト」のハウスへ。1年のサイクルの中で経済的授受のバランスを見直すとき。
20	火	ひみつの日 一人の時間。過去を振り返り、戦略を練る。自分を大事にする。
21	水	ひみつの日 ▶ スタートの日　　　　　　　　　　［ボイド］15:39〜22:42 新しいことを始めやすい時間に切り替わる。
22	木	スタートの日 主役の意識で動く。新しい選択肢を選べる。気持ちが切り替わる。
23	金	スタートの日　　　　　　　　　　　　　　　　［ボイド］13:19〜 主役の意識で動く。新しい選択肢を選べる。気持ちが切り替わる。 ◆水星が「ギフト」のハウスへ。利害のマネジメント。コンサルテーション。カウンセリング。
24	土	○スタートの日 ▶ お金の日　　　　　　　　　　［ボイド］〜10:39 物質面・経済活動が活性化する時間に入る。 ☽「生産」のハウスで満月。経済的・物質的な努力が実り、収穫が得られる。豊かさ、満足。
25	日	お金の日 いわゆる「金運がいい」日。実入りが良く、いい買い物もできそう。
26	月	お金の日 ▶ メッセージの日　　　　　　　　　　［ボイド］16:37〜23:31 「動き」が出てくる。コミュニケーションの活性。
27	火	メッセージの日 待っていた朗報が届く。勉強が捗る。外に出たくなる日。
28	水	メッセージの日　　　　　　　　　　　　　　　　［ボイド］03:23〜 待っていた朗報が届く。勉強が捗る。外に出たくなる日。
29	木	メッセージの日 ▶ 家の日　　　　　　　　　　　［ボイド］〜12:11 生活環境や身内に目が向かう。原点回帰。

3 ·MARCH·

1 金 家の日
「普段の生活」が充実。身内との関係強化。環境改善ができる。

2 土 家の日 ▶ 愛の日　　　　　　　　　　　　　　[ボイド] 16:49〜22:58
愛の追い風が吹く。好きなことができる。

3 日 愛の日
愛について嬉しいことがある。子育て、趣味、創作にも追い風が。

4 月 ◐愛の日
愛について嬉しいことがある。子育て、趣味、創作にも追い風が。

5 火 愛の日 ▶ メンテナンスの日　　　　　　　　　　[ボイド] 00:42〜06:17
「やりたいこと」から「やるべきこと」へのシフト。

6 水 メンテナンスの日
生活や心身の故障部分を修理できる。ケアしたり、されたり。

7 木 メンテナンスの日 ▶ 人に会う日　　　　　　　　[ボイド] 04:37〜09:40
「自分の世界」から「外界」へ出るような節目。

8 金 人に会う日
人に会ったり、会う約束をしたりする日。出会いの気配も。

9 土 人に会う日 ▶ プレゼントの日　　　　　　　　　[ボイド] 03:57〜10:05
他者との関係に、さらに一歩踏み込めるように。

10 日 ●プレゼントの日
人から貴重なものを受け取れる。提案を受ける場面も。
◆水星が「旅」のハウスへ。軽やかな旅立ち。勉強や研究に追い風が。導き手に恵まれる。☽「ギフト」のハウスで新月。心の扉を開く。誰かに導かれての経験。ギフトから始まること。

11 月 プレゼントの日 ▶ 旅の日　　　　　　　　　　　[ボイド] 04:47〜09:21
遠い場所との間に、橋が架かり始める。

12 火 旅の日　　　　　　　　　　　　　　　　　　[ボイド] 20:10〜
遠出したり、遠くから人が訪ねてくれたりする日。発信力も増す。
◆金星が「ギフト」のハウスへ。欲望の解放と調整、他者への要求、他者からの要求。甘え。

13 水 旅の日 ▶ 達成の日　　　　　　　　　　　　　[ボイド] 〜09:30
意欲が湧く。はっきりした成果が出る時間へ。

14 木 達成の日
目標に手が届く。結果が出る日。人から認められる場面も。

15 金 達成の日 ▶ 友だちの日　　　　　　　　　　　[ボイド] 07:31〜12:17
肩の力が抜け、伸びやかな気持ちになれる。

16 土 友だちの日
未来のプランを立てる。友だちと過ごせる。チームワーク。

17 日 ◑友だちの日 ▶ ひみつの日　　　　　　　　　[ボイド] 13:45〜18:42
ざわめきから少し離れたくなる。自分の時間。

18 月 　ひみつの日
一人の時間。過去を振り返り、戦略を練る。自分を大事にする。

19 火 　ひみつの日
一人の時間。過去を振り返り、戦略を練る。自分を大事にする。

20 水 　ひみつの日 ▶ スタートの日　　　　　　　　　　［ボイド］03:54〜04:34
新しいことを始めやすい時間に切り替わる。
◆太陽が「旅」のハウスへ。1年のサイクルの中で「精神的成長」を
確認するとき。

21 木 　スタートの日
主役の意識で動く。新しい選択肢を選べる。気持ちが切り替わる。

22 金 　スタートの日 ▶ お金の日　　　　　　　　　　［ボイド］15:36〜16:43
物質面・経済活動が活性化する時間に入る。

23 土 　お金の日
いわゆる「金運がいい」日。実入りが良く、いい買い物もできそう。
◆火星が「ギフト」のハウスへ。誘惑と情熱の呼応。生命の融合。
精神的支配。配当。負債の解消。

24 日 　お金の日
いわゆる「金運がいい」日。実入りが良く、いい買い物もできそう。

25 月 　〇お金の日 ▶ メッセージの日　　　　　　　　［ボイド］00:51〜05:39
「動き」が出てくる。コミュニケーションの活性。
☽「コミュニケーション」のハウスで月食。コミュニケーションに不思
議な魔法がかかる。意外な朗報。

26 火 　メッセージの日
待っていた朗報が届く。勉強が捗る。外に出たくなる日。

27 水 　メッセージの日 ▶ 家の日　　　　　　　　　　［ボイド］08:11〜18:04
生活環境や身内に目が向かう。原点回帰。

28 木 　家の日
「普段の生活」が充実。身内との関係強化。環境改善ができる。

29 金 　家の日
「普段の生活」が充実。身内との関係強化。環境改善ができる。

30 土 　家の日 ▶ 愛の日　　　　　　　　　　　　　［ボイド］00:41〜04:53
愛の追い風が吹く。好きなことができる。

31 日 　愛の日
愛について嬉しいことがある。子育て、趣味、創作にも追い風が。

4 ·APRIL·

1 月　愛の日 ▶ メンテナンスの日　　　　　　　　　　　［ボイド］09:18〜13:07
「やりたいこと」から「やるべきこと」へのシフト。

2 火　◗ メンテナンスの日
生活や心身の故障部分を修理できる。ケアしたり、されたり。
◆水星が「旅」のハウスで逆行開始。後戻りする旅、再訪。再研究、
再発見。迷路。

3 水　メンテナンスの日 ▶ 人に会う日　　　　　　　　　　［ボイド］14:42〜18:09
「自分の世界」から「外界」へ出るような節目。

4 木　人に会う日
人に会ったり、会う約束をしたりする日。出会いの気配も。

5 金　人に会う日 ▶ プレゼントの日　　　　　　　　　　　［ボイド］14:41〜20:14
他者との関係に、さらに一歩踏み込めるように。
◆金星が「旅」のハウスへ。楽しい旅の始まり、旅の仲間。研究の果
実。距離を越える愛。

6 土　プレゼントの日
人から貴重なものを受け取れる。提案を受ける場面も。

7 日　プレゼントの日 ▶ 旅の日　　　　　　　　　　　　　［ボイド］17:29〜20:26
遠い場所との間に、橋が架かり始める。

8 月　旅の日
遠出したり、遠くから人が訪ねてくれたりする日。発信力も増す。

9 火　● 旅の日 ▶ 達成の日　　　　　　　　　　　　　　　　　［ボイド］11:40〜20:25
意欲が湧く。はっきりした成果が出る時間へ。
◗「旅」のハウスで日食。強い縁を感じるような旅に出ることになる
かも。精神的転換。

10 水　達成の日
目標に手が届く。結果が出る日。人から認められる場面も。

11 木　達成の日 ▶ 友だちの日　　　　　　　　　　　　　　［ボイド］19:06〜22:00
肩の力が抜け、伸びやかな気持ちになれる。

12 金　友だちの日
未来のプランを立てる。友だちと過ごせる。チームワーク。

13 土　友だちの日　　　　　　　　　　　　　　　　　　　　［ボイド］23:48〜
未来のプランを立てる。友だちと過ごせる。チームワーク。

14 日　友だちの日 ▶ ひみつの日　　　　　　　　　　　　　［ボイド］〜02:47
ざわめきから少し離れたくなる。自分の時間。

15 月　ひみつの日
一人の時間。過去を振り返り、戦略を練る。自分を大事にする。

16 火　◗ ひみつの日 ▶ スタートの日　　　　　　　　　　　　　　［ボイド］08:24〜11:26
新しいことを始めやすい時間に切り替わる。

17 水　スタートの日
主役の意識で動く。新しい選択肢を選べる。気持ちが切り替わる。

18 木　スタートの日 ▶ お金の日　　　　　　　　　　[ボイド] 21:04〜23:12
物質面・経済活動が活性化する時間に入る。

19 金　お金の日
いわゆる「金運がいい」日。実入りが良く、いい買い物もできそう。
◆太陽が「目標と結果」のハウスへ。1年のサイクルの中で「目標と
達成」を確認するとき。

20 土　お金の日
いわゆる「金運がいい」日。実入りが良く、いい買い物もできそう。

21 日　お金の日 ▶ メッセージの日　　　　　　　　　[ボイド] 09:21〜12:10
「動き」が出てくる。コミュニケーションの活性。

22 月　メッセージの日
待っていた朗報が届く。勉強が捗る。外に出たくなる日。

23 火　メッセージの日　　　　　　　　　　　　　　　[ボイド] 08:26〜
待っていた朗報が届く。勉強が捗る。外に出たくなる日。

24 水　○メッセージの日 ▶ 家の日　　　　　　　　　　[ボイド] 〜00:21
生活環境や身内に目が向かう。原点回帰。
☽「家」のハウスで満月。居場所が「定まる」。身近な人との間で「心
満ちる」とき。

25 木　家の日
「普段の生活」が充実。身内との関係強化。環境改善ができる。
◆水星が「旅」のハウスで順行へ。旅程の混乱や情報の錯綜が正
常化する。目的地が見える。

26 金　家の日 ▶ 愛の日　　　　　　　　　　　　　　[ボイド] 08:18〜10:39
愛の追い風が吹く。好きなことができる。

27 土　愛の日
愛について嬉しいことがある。子育て、趣味、創作にも追い風が。

28 日　愛の日 ▶ メンテナンスの日　　　　　　　　　[ボイド] 16:33〜18:39
「やりたいこと」から「やるべきこと」へのシフト。

29 月　メンテナンスの日
生活や心身の故障部分を修理できる。ケアしたり、されたり。
◆金星が「目標と結果」のハウスへ。目標達成と勲章。気軽に掴め
るチャンス。嬉しい配役。

30 火　メンテナンスの日
生活や心身の故障部分を修理できる。ケアしたり、されたり。

5 ·MAY·

1 水	❶メンテナンスの日 ▶ 人に会う日　　　　　　　　　［ボイド］00:20〜00:21 「自分の世界」から「外界」へ出るような節目。 ◆火星が「旅」のハウスへ。ここから「遠征」「挑戦の旅」に出発する 人も。学びへの情熱。
2 木	人に会う日　　　　　　　　　　　　　　　　　　　　［ボイド］18:30〜 人に会ったり、会う約束をしたりする日。出会いの気配も。
3 金	人に会う日 ▶ プレゼントの日　　　　　　　　　　　　［ボイド］〜03:53 他者との関係に、さらに一歩踏み込めるように。 ◆冥王星が「他者」のハウスで逆行開始。他人の要望を時間をか けて見つめる。無意識の共鳴。
4 土	プレゼントの日 人から貴重なものを受け取れる。提案を受ける場面も。
5 日	プレゼントの日 ▶ 旅の日　　　　　　　　　　　　　　［ボイド］04:08〜05:42 遠い場所との間に、橋が架かり始める。
6 月	旅の日　　　　　　　　　　　　　　　　　　　　　　［ボイド］14:59〜 遠出したり、遠くから人が訪ねてくれたりする日。発信力も増す。
7 火	旅の日 ▶ 達成の日　　　　　　　　　　　　　　　　　［ボイド］〜06:44 意欲が湧く。はっきりした成果が出る時間へ。
8 水	●達成の日 目標に手が届く。結果が出る日。人から認められる場面も。 ☽「目標と結果」のハウスで新月。新しいミッションがスタートすると き。目的意識が定まる。
9 木	達成の日 ▶ 友だちの日　　　　　　　　　　　　　　　［ボイド］06:57〜08:22 肩の力が抜け、伸びやかな気持ちになれる。
10 金	友だちの日 未来のプランを立てる。友だちと過ごせる。チームワーク。
11 土	友だちの日 ▶ ひみつの日　　　　　　　　　　　　　　［ボイド］10:51〜12:15 ざわめきから少し離れたくなる。自分の時間。
12 日	ひみつの日 一人の時間。過去を振り返り、戦略を練る。自分を大事にする。
13 月	ひみつの日 ▶ スタートの日　　　　　　　　　　　　　［ボイド］18:14〜19:38 新しいことを始めやすい時間に切り替わる。
14 火	スタートの日 主役の意識で動く。新しい選択肢を選べる。気持ちが切り替わる。
15 水	❶スタートの日 主役の意識で動く。新しい選択肢を選べる。気持ちが切り替わる。
16 木	スタートの日 ▶ お金の日　　　　　　　　　　　　　　［ボイド］01:42〜06:34 物質面・経済活動が活性化する時間に入る。 ◆水星が「目標と結果」のハウスへ。ここから忙しくなる。新しい課 題、ミッション、使命。

17 金　お金の日
いわゆる「金運がいい」日。実入りが良く、いい買い物もできそう。

18 土　お金の日 ▶ メッセージの日　　　　　　　　　　　　　　　[ボイド] 18:10〜19:24
「動き」が出てくる。コミュニケーションの活性。

19 日　メッセージの日
待っていた朗報が届く。勉強が捗る。外に出たくなる日。

20 月　メッセージの日　　　　　　　　　　　　　　　　　　　　[ボイド] 00:50〜
待っていた朗報が届く。勉強が捗る。外に出たくなる日。
◆太陽が「夢と友」のハウスへ。1年のサイクルの中で「友」「未来」
に目を向ける季節へ。

21 火　メッセージの日 ▶ 家の日　　　　　　　　　　　　　　　[ボイド] 〜07:36
生活環境や身内に目が向かう。原点回帰。

22 水　家の日
「普段の生活」が充実。身内との関係強化。環境改善ができる。

23 木　○家の日 ▶ 愛の日　　　　　　　　　　　　　　　　　　[ボイド] 16:30〜17:26
愛の追い風が吹く。好きなことができる。
◗「愛」のハウスで満月。愛が「満ちる」「実る」とき。クリエイティブ
な作品の完成。

24 金　愛の日
愛について嬉しいことがある。子育て、趣味、創作にも追い風が。
◆金星が「夢と友」のハウスへ。友や仲間との交流が華やかに。「恵
み」を受け取れる。

25 土　愛の日　　　　　　　　　　　　　　　　　　　　　　　[ボイド] 23:49〜
愛について嬉しいことがある。子育て、趣味、創作にも追い風が。

26 日　愛の日 ▶ メンテナンスの日　　　　　　　　　　　　　　[ボイド] 〜00:37
「やりたいこと」から「やるべきこと」へのシフト。
◆木星が「夢と友」のハウスへ。新しい夢を描く幸福な1年が始まる。
仲間にも恵まれる季節。

27 月　メンテナンスの日
生活や心身の故障部分を修理できる。ケアしたり、されたり。

28 火　メンテナンスの日 ▶ 人に会う日　　　　　　　　　　　　[ボイド] 05:04〜05:46
「自分の世界」から「外界」へ出るような節目。

29 水　人に会う日　　　　　　　　　　　　　　　　　　　　　[ボイド] 23:22〜
人に会ったり、会う約束をしたりする日。出会いの気配も。

30 木　人に会う日 ▶ プレゼントの日　　　　　　　　　　　　　[ボイド] 〜09:34
他者との関係に、さらに一歩踏み込めるように。

31 金　◗プレゼントの日
人から貴重なものを受け取れる。提案を受ける場面も。

6 ·JUNE·

1 土 プレゼントの日 ▶ 旅の日　　　　　　　　　　　　　　　［ボイド］11:56〜12:30
遠い場所との間に、橋が架かり始める。

2 日 旅の日
遠出したり、遠くから人が訪ねてくれたりする日。発信力も増す。

3 月 旅の日 ▶ 達成の日　　　　　　　　　　　　　　　　　［ボイド］07:05〜14:57
意欲が湧く。はっきりした成果が出る時間へ。
◆水星が「夢と友」のハウスへ。仲間に恵まれる爽やかな季節。友と夢を語れる。新しい計画。

4 火 達成の日
目標に手が届く。結果が出る日。人から認められる場面も。

5 水 達成の日 ▶ 友だちの日　　　　　　　　　　　　　　　［ボイド］17:11〜17:38
肩の力が抜け、伸びやかな気持ちになれる。

6 木 ●友だちの日
未来のプランを立てる。友だちと過ごせる。チームワーク。
🌑「夢と友」のハウスで新月。新しい仲間や友に出会えるとき。夢が生まれる。迷いが晴れる。

7 金 友だちの日 ▶ ひみつの日　　　　　　　　　　　　　　［ボイド］21:17〜21:43
ざわめきから少し離れたくなる。自分の時間。

8 土 ひみつの日
一人の時間。過去を振り返り、戦略を練る。自分を大事にする。

9 日 ひみつの日
一人の時間。過去を振り返り、戦略を練る。自分を大事にする。
◆火星が「目標と結果」のハウスへ。キャリアや社会的立場における「勝負」の季節へ。挑戦の時間。

10 月 ひみつの日 ▶ スタートの日　　　　　　　　　　　　　［ボイド］04:07〜04:30
新しいことを始めやすい時間に切り替わる。

11 火 スタートの日
主役の意識で動く。新しい選択肢を選べる。気持ちが切り替わる。

12 水 スタートの日 ▶ お金の日　　　　　　　　　　　　　　［ボイド］04:18〜14:40
物質面・経済活動が活性化する時間に入る。

13 木 お金の日
いわゆる「金運がいい」日。実入りが良く、いい買い物もできそう。

14 金 ◗お金の日
いわゆる「金運がいい」日。実入りが良く、いい買い物もできそう。

15 土 お金の日 ▶ メッセージの日　　　　　　　　　　　　　［ボイド］02:55〜03:14
「動き」が出てくる。コミュニケーションの活性。

16 日 メッセージの日
待っていた朗報が届く。勉強が捗る。外に出たくなる日。

17	月	メッセージの日 ▶ 家の日　　　　　　　　　　［ボイド］15:06〜15:40 生活環境や身内に目が向かう。原点回帰。 ◆金星が「ひみつ」のハウスへ。これ以降、純粋な愛情から行動できる。一人の時間の充実も。◆水星が「ひみつ」のハウスへ。思考が深まる。思索、瞑想、誰かのための勉強。記録の精査。
18	火	家の日 「普段の生活」が充実。身内との関係強化。環境改善ができる。
19	水	家の日 「普段の生活」が充実。身内との関係強化。環境改善ができる。
20	木	家の日 ▶ 愛の日　　　　　　　　　　　　　　　［ボイド］01:21〜01:33 愛の追い風が吹く。好きなことができる。
21	金	愛の日 愛について嬉しいことがある。子育て、趣味、創作にも追い風が。 ◆太陽が「ひみつ」のハウスへ。新しい1年を目前にしての、振り返りと準備の時期。
22	土	○ 愛の日 ▶ メンテナンスの日　　　　　　　　　［ボイド］08:00〜08:10 「やりたいこと」から「やるべきこと」へのシフト。 ◐「任務」のハウスで満月。日々の努力や蓄積が「実る」。自他の体調のケアに留意。
23	日	メンテナンスの日 生活や心身の故障部分を修理できる。ケアしたり、されたり。
24	月	メンテナンスの日 ▶ 人に会う日　　　　　　　　［ボイド］12:07〜12:16 「自分の世界」から「外界」へ出るような節目。
25	火	人に会う日 人に会ったり、会う約束をしたりする日。出会いの気配も。
26	水	人に会う日 ▶ プレゼントの日　　　　　　　　　［ボイド］07:31〜15:09 他者との関係に、さらに一歩踏み込めるように。
27	木	プレゼントの日 人から貴重なものを受け取れる。提案を受ける場面も。
28	金	プレゼントの日 ▶ 旅の日　　　　　　　　　　　［ボイド］17:46〜17:54 遠い場所との間に、橋が架かり始める。
29	土	◑ 旅の日 遠出したり、遠くから人が訪ねてくれたりする日。発信力も増す。
30	日	旅の日 ▶ 達成の日　　　　　　　　　　　　　　［ボイド］13:58〜21:02 意欲が湧く。はっきりした成果が出る時間へ。 ◆土星が「ギフト」のハウスで逆行開始。貸借や恩義からのプレッシャーを客観視できる時間へ。

7 ·JULY·

1 月
達成の日
目標に手が届く。結果が出る日。人から認められる場面も。

2 火
達成の日
目標に手が届く。結果が出る日。人から認められる場面も。
◆海王星が「ギフト」のハウスで逆行開始。目に見えない「貯金」の始まり。価値の反転。◆水星が「自分」のハウスへ。知的活動が活性化。若々しい気持ち、行動力。発言力の強化。

3 水
達成の日 ▶ 友だちの日　　　　　　　　　　[ボイド] 00:45〜00:52
肩の力が抜け、伸びやかな気持ちになれる。

4 木
友だちの日
未来のプランを立てる。友だちと過ごせる。チームワーク。

5 金
友だちの日 ▶ ひみつの日　　　　　　　　　[ボイド] 05:45〜05:53
ざわめきから少し離れたくなる。自分の時間。

6 土
●ひみつの日
一人の時間。過去を振り返り、戦略を練る。自分を大事にする。
☽「ひみつ」のハウスで新月。密かな迷いから解放される。自他を救うための行動を起こす。

7 日
ひみつの日 ▶ スタートの日　　　　　　　　[ボイド] 12:49〜12:57
新しいことを始めやすい時間に切り替わる。

8 月
スタートの日
主役の意識で動く。新しい選択肢を選べる。気持ちが切り替わる。

9 火
スタートの日 ▶ お金の日　　　　　　　　　[ボイド] 15:05〜22:49
物質面・経済活動が活性化する時間に入る。

10 水
お金の日
いわゆる「金運がいい」日。実入りが良く、いい買い物もできそう。

11 木
お金の日
いわゆる「金運がいい」日。実入りが良く、いい買い物もできそう。

12 金
お金の日 ▶ メッセージの日　　　　　　　　[ボイド] 10:57〜11:08
「動き」が出てくる。コミュニケーションの活性。
◆金星が「自分」のハウスに。あなたの魅力が輝く季節の到来。愛に恵まれる楽しい日々へ。

13 土
メッセージの日
待っていた朗報が届く。勉強が捗る。外に出たくなる日。

14 日
◑メッセージの日 ▶ 家の日　　　　　　　　[ボイド] 07:50〜23:54
生活環境や身内に目が向かう。原点回帰。

15 月
家の日
「普段の生活」が充実。身内との関係強化。環境改善ができる。

16 火
家の日
「普段の生活」が充実。身内との関係強化。環境改善ができる。

17 水 家の日 ▶ 愛の日 　　　　　　　　　　　　　　［ボイド］10:12〜10:26
愛の追い風が吹く。好きなことができる。

18 木 愛の日
愛について嬉しいことがある。子育て、趣味、創作にも追い風が。

19 金 愛の日 ▶ メンテナンスの日 　　　　　　　　　　　［ボイド］17:00〜17:15
「やりたいこと」から「やるべきこと」へのシフト。

20 土 メンテナンスの日
生活や心身の故障部分を修理できる。ケアしたり、されたり。

21 日 ○メンテナンスの日 ▶ 人に会う日 　　　　　　　　［ボイド］20:28〜20:45
「自分の世界」から「外界」へ出るような節目。
◆火星が「夢と友」のハウスへ。交友関係やチームワークに「熱」が
こもる。夢を叶える勝負。●「任務」のハウスで満月。日々の努力や
蓄積が「実る」。自他の体調のケアに留意。

22 月 人に会う日
人に会ったり、会う約束をしたりする日。出会いの気配も。
◆太陽が「自分」のハウスへ。お誕生月の始まり、新しい1年への
「扉」を開くとき。

23 火 人に会う日 ▶ プレゼントの日 　　　　　　　　　　［ボイド］19:00〜22:25
他者との関係に、さらに一歩踏み込めるように。

24 水 プレゼントの日
人から貴重なものを受け取れる。提案を受ける場面も。

25 木 プレゼントの日 ▶ 旅の日 　　　　　　　　　　　　［ボイド］23:33〜23:54
遠い場所との間に、橋が架かり始める。

26 金 旅の日
遠出したり、遠くから人が訪ねてくれたりする日。発信力も増す。
◆水星が「生産」のハウスへ。経済活動に知性を活かす。情報収集、
経営戦略。在庫整理。

27 土 旅の日 　　　　　　　　　　　　　　　　　　　　　［ボイド］07:16〜
遠出したり、遠くから人が訪ねてくれたりする日。発信力も増す。

28 日 ◑旅の日 ▶ 達成の日 　　　　　　　　　　　　　　　［ボイド］〜02:24
意欲が湧く。はっきりした成果が出る時間へ。

29 月 達成の日
目標に手が届く。結果が出る日。人から認められる場面も。

30 火 達成の日 ▶ 友だちの日 　　　　　　　　　　　　　［ボイド］06:01〜06:29
肩の力が抜け、伸びやかな気持ちになれる。

31 水 友だちの日
未来のプランを立てる。友だちと過ごせる。チームワーク。

8 ·AUGUST·

1 木 友だちの日 ▶ ひみつの日 　　　　　　　　　　　　　[ボイド] 11:48〜12:21
ざわめきから少し離れたくなる。自分の時間。

2 金 ひみつの日
一人の時間。過去を振り返り、戦略を練る。自分を大事にする。

3 土 ひみつの日 ▶ スタートの日 　　　　　　　　　　　　　[ボイド] 19:33〜20:11
新しいことを始めやすい時間に切り替わる。

4 日 ●スタートの日
主役の意識で動く。新しい選択肢を選べる。気持ちが切り替わる。
☽「自分」のハウスで新月。大切なことがスタートする節目。フレッシュな「切り替え」。

5 月 スタートの日
主役の意識で動く。新しい選択肢を選べる。気持ちが切り替わる。
◆金星が「生産」のハウスへ。経済活動の活性化、上昇気流。物質的豊かさの開花。◆水星が「生産」のハウスで逆行開始。経済活動に関する整理と記録。再計算。棚卸し。

6 火 スタートの日 ▶ お金の日 　　　　　　　　　　　　　[ボイド] 00:18〜06:18
物質面・経済活動が活性化する時間に入る。

7 水 お金の日
いわゆる「金運がいい」日。実入りが良く、いい買い物もできそう。

8 木 お金の日 ▶ メッセージの日 　　　　　　　　　　　　　[ボイド] 17:42〜18:33
「動き」が出てくる。コミュニケーションの活性。

9 金 メッセージの日
待っていた朗報が届く。勉強が捗る。外に出たくなる日。

10 土 メッセージの日 　　　　　　　　　　　　　　　　　　[ボイド] 06:46〜
待っていた朗報が届く。勉強が捗る。外に出たくなる日。

11 日 メッセージの日 ▶ 家の日 　　　　　　　　　　　　　[ボイド] 〜07:35
生活環境や身内に目が向かう。原点回帰。

12 月 家の日
「普段の生活」が充実。身内との関係強化。環境改善ができる。

13 火 ●家の日 ▶ 愛の日 　　　　　　　　　　　　　　　　[ボイド] 18:03〜19:02
愛の追い風が吹く。好きなことができる。

14 水 愛の日
愛について嬉しいことがある。子育て、趣味、創作にも追い風が。

15 木 愛の日
愛について嬉しいことがある。子育て、趣味、創作にも追い風が。
◆逆行中の水星が「自分」のハウスに。立ち止まり振り返る機会。反芻、咀嚼の時間へ。

16 金 愛の日 ▶ メンテナンスの日 　　　　　　　　　　　　[ボイド] 01:54〜02:53
「やりたいこと」から「やるべきこと」へのシフト。

17	土	メンテナンスの日 生活や心身の故障部分を修理できる。ケアしたり、されたり。
18	日	メンテナンスの日 ▶ 人に会う日 　　　　　　　　　[ボイド] 05:45〜06:46 「自分の世界」から「外界」へ出るような節目。
19	月	人に会う日 人に会ったり、会う約束をしたりする日。出会いの気配も。
20	火	○人に会う日 ▶ プレゼントの日 　　　　　　　　[ボイド] 03:27〜07:53 他者との関係に、さらに一歩踏み込めるように。 ☽「他者」のハウスで満月。誰かとの一対一の関係が「満ちる」。交渉の成立、契約。
21	水	プレゼントの日 人から貴重なものを受け取れる。提案を受ける場面も。
22	木	プレゼントの日 ▶ 旅の日 　　　　　　　　　　[ボイド] 06:56〜08:03 遠い場所との間に、橋が架かり始める。 ◆太陽が「生産」のハウスへ。1年のサイクルの中で「物質的・経済的土台」を整備する。
23	金	旅の日 　　　　　　　　　　　　　　　　　　[ボイド] 21:46〜 遠出したり、遠くから人が訪ねてくれたりする日。発信力も増す。
24	土	旅の日 ▶ 達成の日 　　　　　　　　　　　　[ボイド] 〜09:02 意欲が湧く。はっきりした成果が出る時間へ。
25	日	達成の日 目標に手が届く。結果が出る日。人から認められる場面も。
26	月	◑達成の日 ▶ 友だちの日 　　　　　　　　　[ボイド] 10:42〜12:06 肩の力が抜け、伸びやかな気持ちになれる。
27	火	友だちの日 未来のプランを立てる。友だちと過ごせる。チームワーク。
28	水	友だちの日 ▶ ひみつの日 　　　　　　　　　[ボイド] 16:15〜17:49 ざわめきから少し離れたくなる。自分の時間。
29	木	ひみつの日 一人の時間。過去を振り返り、戦略を練る。自分を大事にする。 ◆水星が「自分」のハウスで順行へ。不調や停滞感からの解放、始動。考えがまとまる。◆金星が「コミュニケーション」のハウスへ。喜びある学び、対話、外出。言葉による優しさ、愛の伝達。
30	金	ひみつの日 一人の時間。過去を振り返り、戦略を練る。自分を大事にする。
31	土	ひみつの日 ▶ スタートの日 　　　　　　　　[ボイド] 00:26〜02:11 新しいことを始めやすい時間に切り替わる。

9 ·SEPTEMBER·

1	日	スタートの日 主役の意識で動く。新しい選択肢を選べる。気持ちが切り替わる。
2	月	スタートの日 ▶ お金の日　　　　　　　　　　　[ボイド] 09:27〜12:50 物質面・経済活動が活性化する時間に入る。 ◆天王星が「目標と結果」のハウスで逆行開始。「改革」に目を向ける。踏み止まってできること。◆逆行中の冥王星が「任務」のハウスへ。2008年頃からの「生活の変容・任務の拡大」を振り返る時間に入る。
3	火	●お金の日 いわゆる「金運がいい」日。実入りが良く、いい買い物もできそう。 ☾「生産」のハウスで新月。新しい経済活動をスタートさせる。新しいものを手に入れる。
4	水	お金の日 いわゆる「金運がいい」日。実入りが良く、いい買い物もできそう。
5	木	お金の日 ▶ メッセージの日　　　　　　　　　　[ボイド] 01:08〜01:13 「動き」が出てくる。コミュニケーションの活性。 ◆火星が「ひみつ」のハウスへ。内なる敵と闘って克服できる時間。自分の真の強さを知る。
6	金	メッセージの日 待っていた朗報が届く。勉強が捗る。外に出たくなる日。
7	土	メッセージの日 ▶ 家の日　　　　　　　　　　　[ボイド] 14:10〜14:20 生活環境や身内に目が向かう。原点回帰。
8	日	家の日 「普段の生活」が充実。身内との関係強化。環境改善ができる。
9	月	家の日 「普段の生活」が充実。身内との関係強化。環境改善ができる。 ◆再び水星が「生産」のハウスに。バタバタが落ち着き、ゆっくり物事を整理できる時間へ。
10	火	家の日 ▶ 愛の日　　　　　　　　　　　　　　　[ボイド] 02:13〜02:27 愛の追い風が吹く。好きなことができる。
11	水	◑愛の日 愛について嬉しいことがある。子育て、趣味、創作にも追い風が。
12	木	愛の日 ▶ メンテナンスの日　　　　　　　　　　[ボイド] 09:22〜11:39 「やりたいこと」から「やるべきこと」へのシフト。
13	金	メンテナンスの日 生活や心身の故障部分を修理できる。ケアしたり、されたり。
14	土	メンテナンスの日 ▶ 人に会う日　　　　　　　　[ボイド] 16:36〜16:55 「自分の世界」から「外界」へ出るような節目。
15	日	人に会う日 人に会ったり、会う約束をしたりする日。出会いの気配も。

16	月	人に会う日 ▶ プレゼントの日	[ボイド] 14:06～18:41
		他者との関係に、さらに一歩踏み込めるように。	

17	火	プレゼントの日
		人から貴重なものを受け取れる。提案を受ける場面も。

18	水	○プレゼントの日 ▶ 旅の日	[ボイド] 18:04～18:26
		遠い場所との間に、橋が架かり始める。	
		☽「ギフト」のハウスで月食。誰かが貴方に、予想外の形で「気持ち」を示してくれそう。	

19	木	旅の日
		遠出したり、遠くから人が訪ねてくれたりする日。発信力も増す。

20	金	旅の日 ▶ 達成の日	[ボイド] 17:40～18:04
		意欲が湧く。はっきりした成果が出る時間へ。	

21	土	達成の日
		目標に手が届く。結果が出る日。人から認められる場面も。

22	日	達成の日 ▶ 友だちの日	[ボイド] 19:16～19:26
		肩の力が抜け、伸びやかな気持ちになれる。	
		◆太陽が「コミュニケーション」のハウスへ。1年のサイクルの中でコミュニケーションを繋ぎ直すとき。	

23	月	友だちの日
		未来のプランを立てる。友だちと過ごせる。チームワーク。
		◆金星が「家」のハウスへ。身近な人とのあたたかな交流。愛着。居場所を美しくする。

24	火	友だちの日 ▶ ひみつの日	[ボイド] 21:01～23:52
		ざわめきから少し離れたくなる。自分の時間。	

25	水	◑ひみつの日
		一人の時間。過去を振り返り、戦略を練る。自分を大事にする。

26	木	ひみつの日
		一人の時間。過去を振り返り、戦略を練る。自分を大事にする。
		◆水星が「コミュニケーション」のハウスへ。知的活動の活性化、コミュニケーションの進展。学習の好機。

27	金	ひみつの日 ▶ スタートの日	[ボイド] 07:14～07:49
		新しいことを始めやすい時間に切り替わる。	

28	土	スタートの日
		主役の意識で動く。新しい選択肢を選べる。気持ちが切り替わる。

29	日	スタートの日 ▶ お金の日	[ボイド] 12:37～18:43
		物質面・経済活動が活性化する時間に入る。	

30	月	お金の日
		いわゆる「金運がいい」日。実入りが良く、いい買い物もできそう。

10 ·OCTOBER·

1 火
お金の日
いわゆる「金運がいい」日。実入りが良く、いい買い物もできそう。

2 水
お金の日 ▶ メッセージの日　　　　　　　　　　　[ボイド] 06:41〜07:21
「動き」が出てくる。コミュニケーションの活性。

3 木
● メッセージの日
待っていた朗報が届く。勉強が捗る。外に出たくなる日。
☽「コミュニケーション」のハウスで日食。不思議な形で新しいコミュニケーションが始まる。勉強開始。

4 金
メッセージの日 ▶ 家の日　　　　　　　　　　　[ボイド] 19:42〜20:24
生活環境や身内に目が向かう。原点回帰。

5 土
家の日
「普段の生活」が充実。身内との関係強化。環境改善ができる。

6 日
家の日
「普段の生活」が充実。身内との関係強化。環境改善ができる。

7 月
家の日 ▶ 愛の日　　　　　　　　　　　　　　[ボイド] 07:54〜08:36
愛の追い風が吹く。好きなことができる。

8 火
愛の日
愛について嬉しいことがある。子育て、趣味、創作にも追い風が。

9 水
愛の日 ▶ メンテナンスの日　　　　　　　　　　[ボイド] 14:55〜18:40
「やりたいこと」から「やるべきこと」へのシフト。
◆木星が「夢と友」のハウスで逆行開始。仲間との関係や未来の計画を「熟成」させる。

10 木
メンテナンスの日
生活や心身の故障部分を修理できる。ケアしたり、されたり。

11 金
◑ メンテナンスの日
生活や心身の故障部分を修理できる。ケアしたり、されたり。

12 土
メンテナンスの日 ▶ 人に会う日　　　　　　　　[ボイド] 00:55〜01:33
「自分の世界」から「外界」へ出るような節目。
◆冥王星が「任務」のハウスで順行へ。「従う」ことへの欲求が自然な軌道に乗る。

13 日
人に会う日　　　　　　　　　　　　　　　　　[ボイド] 23:12〜
人に会ったり、会う約束をしたりする日。出会いの気配も。

14 月
人に会う日 ▶ プレゼントの日　　　　　　　　　[ボイド] 〜04:57
他者との関係に、さらに一歩踏み込めるように。
◆水星が「家」のハウスへ。来訪者。身近な人との対話。若々しい風が居場所に吹き込む。

15 火
プレゼントの日
人から貴重なものを受け取れる。提案を受ける場面も。

16 水 プレゼントの日 ▶ 旅の日 　　　　　　　　　　　　　　　[ボイド] 05:02〜05:36
遠い場所との間に、橋が架かり始める。

17 木 ○旅の日
遠出したり、遠くから人が訪ねてくれたりする日。発信力も増す。
☽「旅」のハウスで満月。遠い場所への扉が「満を持して」開かれる。
遠くまで声が届く。

18 金 旅の日 ▶ 達成の日 　　　　　　　　　　　　　　　[ボイド] 04:28〜05:01
意欲が湧く。はっきりした成果が出る時間へ。
◆金星が「愛」のハウスへ。華やかな愛の季節の始まり。創造的活
動への強い追い風。

19 土 達成の日
目標に手が届く。結果が出る日。人から認められる場面も。

20 日 達成の日 ▶ 友だちの日 　　　　　　　　　　　　　[ボイド] 04:35〜05:09
肩の力が抜け、伸びやかな気持ちになれる。

21 月 友だちの日
未来のプランを立てる。友だちと過ごせる。チームワーク。

22 火 友だちの日 ▶ ひみつの日 　　　　　　　　　　　　[ボイド] 06:02〜07:51
ざわめきから少し離れたくなる。自分の時間。

23 水 ひみつの日
一人の時間。過去を振り返り、戦略を練る。自分を大事にする。
◆太陽が「家」のハウスへ。1年のサイクルの中で「居場所・家・
心」を整備し直すとき。

24 木 ☽ひみつの日 ▶ スタートの日 　　　　　　　　　　[ボイド] 13:49〜14:26
新しいことを始めやすい時間に切り替わる。

25 金 スタートの日
主役の意識で動く。新しい選択肢を選べる。気持ちが切り替わる。

26 土 スタートの日 　　　　　　　　　　　　　　　　　　[ボイド] 17:05〜
主役の意識で動く。新しい選択肢を選べる。気持ちが切り替わる。

27 日 スタートの日 ▶ お金の日 　　　　　　　　　　　　[ボイド] 〜00:49
物質面・経済活動が活性化する時間に入る。

28 月 お金の日
いわゆる「金運がいい」日。実入りが良く、いい買い物もできそう。

29 火 お金の日 ▶ メッセージの日 　　　　　　　　　　　[ボイド] 12:56〜13:31
「動き」が出てくる。コミュニケーションの活性。

30 水 メッセージの日
待っていた朗報が届く。勉強が捗る。外に出たくなる日。

31 木 メッセージの日
待っていた朗報が届く。勉強が捗る。外に出たくなる日。

11 ·NOVEMBER·

1 金
●メッセージの日 ▶家の日 [ボイド] 01:59〜02:31
生活環境や身内に目が向かう。原点回帰。
🌙「家」のハウスで新月。心の置き場所が新たに定まる。日常に新しい風が吹き込む。

2 土
家の日
「普段の生活」が充実。身内との関係強化。環境改善ができる。

3 日
家の日 ▶愛の日 [ボイド] 13:53〜14:21
愛の追い風が吹く。好きなことができる。
◆水星が「愛」のハウスへ。愛に関する学び、教育。若々しい創造性、遊び。知的創造。

4 月
愛の日
愛について嬉しいことがある。子育て、趣味、創作にも追い風が。
◆火星が「自分」のハウスへ。熱い自己変革の季節へ。勝負、挑戦。自分から動きたくなる。

5 火
愛の日 [ボイド] 19:25〜
愛について嬉しいことがある。子育て、趣味、創作にも追い風が。

6 水
愛の日 ▶メンテナンスの日 [ボイド] 〜00:19
「やりたいこと」から「やるべきこと」へのシフト。

7 木
メンテナンスの日
生活や心身の故障部分を修理できる。ケアしたり、されたり。

8 金
メンテナンスの日 ▶人に会う日 [ボイド] 07:39〜07:59
「自分の世界」から「外界」へ出るような節目。

9 土
◑人に会う日
人に会ったり、会う約束をしたりする日。出会いの気配も。

10 日
人に会う日 ▶プレゼントの日 [ボイド] 09:25〜13:02
他者との関係に、さらに一歩踏み込めるように。

11 月
プレゼントの日
人から貴重なものを受け取れる。提案を受ける場面も。

12 火
プレゼントの日 ▶旅の日 [ボイド] 15:15〜15:27
遠い場所との間に、橋が架かり始める。
◆金星が「任務」のハウスへ。美しい生活スタイルの実現。美のための習慣。楽しい仕事。

13 水
旅の日
遠出したり、遠くから人が訪ねてくれたりする日。発信力も増す。

14 木
旅の日 ▶達成の日 [ボイド] 15:52〜16:01
意欲が湧く。はっきりした成果が出る時間へ。

15 金
達成の日
目標に手が届く。結果が出る日。人から認められる場面も。
◆土星が「ギフト」のハウスで順行へ。他者との利害関係に関する調整がまとまるようなとき。

16 土	○達成の日 ▶ 友だちの日	［ボイド］16:04〜16:10

16 土
○達成の日 ▶ 友だちの日 ［ボイド］16:04〜16:10
肩の力が抜け、伸びやかな気持ちになれる。
🌙「目標と結果」のハウスで満月。目標達成のとき。社会的立場が一段階上がるような節目。

17 日
友だちの日
未来のプランを立てる。友だちと過ごせる。チームワーク。

18 月
友だちの日 ▶ ひみつの日 ［ボイド］13:10〜17:51
ざわめきから少し離れたくなる。自分の時間。

19 火
ひみつの日
一人の時間。過去を振り返り、戦略を練る。自分を大事にする。

20 水
ひみつの日 ▶ スタートの日 ［ボイド］20:22〜22:53
新しいことを始めやすい時間に切り替わる。
◆冥王星が「他者」のハウスへ。ここから2043年頃にかけ、人間関係が根源的に変容する。

21 木
スタートの日
主役の意識で動く。新しい選択肢を選べる。気持ちが切り替わる。

22 金
スタートの日 ［ボイド］22:16〜
主役の意識で動く。新しい選択肢を選べる。気持ちが切り替わる。
◆太陽が「愛」のハウスへ。1年のサイクルの中で「愛・喜び・創造性」を再生するとき。

23 土
●スタートの日 ▶ お金の日 ［ボイド］〜08:03
物質面・経済活動が活性化する時間に入る。

24 日
お金の日
いわゆる「金運がいい」日。実入りが良く、いい買い物もできそう。

25 月
お金の日 ▶ メッセージの日 ［ボイド］14:37〜20:21
「動き」が出てくる。コミュニケーションの活性。

26 火
メッセージの日
待っていた朗報が届く。勉強が捗る。外に出たくなる日。
◆水星が「愛」のハウスで逆行開始。失われた愛や喜びが「復活」するかも。創造的熟成。

27 水
メッセージの日 ［ボイド］18:16〜
待っていた朗報が届く。勉強が捗る。外に出たくなる日。

28 木
メッセージの日 ▶ 家の日 ［ボイド］〜09:22
生活環境や身内に目が向かう。原点回帰。

29 金
家の日
「普段の生活」が充実。身内との関係強化。環境改善ができる。

30 土
家の日 ▶ 愛の日 ［ボイド］15:21〜20:55
愛の追い風が吹く。好きなことができる。

12 ・DECEMBER・

1 日
●愛の日
愛について嬉しいことがある。子育て、趣味、創作にも追い風が。
🌙「愛」のハウスで新月。愛が「生まれる」ようなタイミング。大切な
ものと結びつく。

2 月
愛の日
愛について嬉しいことがある。子育て、趣味、創作にも追い風が。

3 火
愛の日 ▶ メンテナンスの日　　　　　　　　　　[ボイド] 00:49〜06:11
「やりたいこと」から「やるべきこと」へのシフト。

4 水
メンテナンスの日
生活や心身の故障部分を修理できる。ケアしたり、されたり。

5 木
メンテナンスの日 ▶ 人に会う日　　　　　　　　[ボイド] 08:36〜13:23
「自分の世界」から「外界」へ出るような節目。

6 金
人に会う日
人に会ったり、会う約束をしたりする日。出会いの気配も。

7 土
人に会う日 ▶ プレゼントの日　　　　　　　　　[ボイド] 09:03〜18:51
他者との関係に、さらに一歩踏み込めるように。
◆火星が「自分」のハウスで逆行開始。「前進」の勢いを止めて、炭
を熱く熾すプロセスへ。◆金星が「他者」のハウスへ。人間関係か
ら得られる喜び。愛あるパートナーシップ。

8 日
プレゼントの日
人から貴重なものを受け取れる。提案を受ける場面も。
◆海王星が「ギフト」のハウスで順行へ。頼り甘え合うことを許せる
ようになる。守り合う心。

9 月
◑プレゼントの日 ▶ 旅の日　　　　　　　　　　[ボイド] 17:46〜22:39
遠い場所との間に、橋が架かり始める。

10 火
旅の日
遠出したり、遠くから人が訪ねてくれたりする日。発信力も増す。

11 水
旅の日　　　　　　　　　　　　　　　　　　　　[ボイド] 07:15〜
遠出したり、遠くから人が訪ねてくれたりする日。発信力も増す。

12 木
旅の日 ▶ 達成の日　　　　　　　　　　　　　　[ボイド] 〜00:57
意欲が湧く。はっきりした成果が出る時間へ。

13 金
達成の日　　　　　　　　　　　　　　　　　　　[ボイド] 21:41〜
目標に手が届く。結果が出る日。人から認められる場面も。

14 土
達成の日 ▶ 友だちの日　　　　　　　　　　　　[ボイド] 〜02:23
肩の力が抜け、伸びやかな気持ちになれる。

15 日
○友だちの日　　　　　　　　　　　　　　　　　[ボイド] 23:33〜
未来のプランを立てる。友だちと過ごせる。チームワーク。
🌙「夢と友」のハウスで満月。希望してきた条件が整う。友や仲間へ
の働きかけが「実る」。

16	月	友だちの日 ▶ ひみつの日	[ボイド] 〜04:23
		ざわめきから少し離れたくなる。自分の時間。 ◆水星が「愛」のハウスで順行へ。愛や創造的活動の「前進再開」。 発言力が強まる。	
17	火	ひみつの日	
		一人の時間。過去を振り返り、戦略を練る。自分を大事にする。	
18	水	ひみつの日 ▶ スタートの日	[ボイド] 03:35〜08:41
		新しいことを始めやすい時間に切り替わる。	
19	木	スタートの日	
		主役の意識で動く。新しい選択肢を選べる。気持ちが切り替わる。	
20	金	スタートの日 ▶ お金の日	[ボイド] 14:21〜16:39
		物質面・経済活動が活性化する時間に入る。	
21	土	お金の日	
		いわゆる「金運がいい」日。実入りが良く、いい買い物もできそう。 ◆太陽が「任務」のハウスへ。1年のサイクルの中で「健康・任務・ 日常」を再構築するとき。	
22	日	お金の日	[ボイド] 22:29〜
		いわゆる「金運がいい」日。実入りが良く、いい買い物もできそう。	
23	月	◑お金の日 ▶ メッセージの日	[ボイド] 〜04:09
		「動き」が出てくる。コミュニケーションの活性。	
24	火	メッセージの日	[ボイド] 19:46〜
		待っていた朗報が届く。勉強が捗る。外に出たくなる日。	
25	水	メッセージの日 ▶ 家の日	[ボイド] 〜17:08
		生活環境や身内に目が向かう。原点回帰。	
26	木	家の日	
		「普段の生活」が充実。身内との関係強化。環境改善ができる。	
27	金	家の日	[ボイド] 23:26〜
		「普段の生活」が充実。身内との関係強化。環境改善ができる。	
28	土	家の日 ▶ 愛の日	[ボイド] 〜04:48
		愛の追い風が吹く。好きなことができる。	
29	日	愛の日	
		愛について嬉しいことがある。子育て、趣味、創作にも追い風が。	
30	月	愛の日 ▶ メンテナンスの日	[ボイド] 08:36〜13:39
		「やりたいこと」から「やるべきこと」へのシフト。	
31	火	●メンテナンスの日	
		生活や心身の故障部分を修理できる。ケアしたり、されたり。 ☽「任務」のハウスで新月。新しい生活習慣、新しい任務がスタート するとき。体調の調整。	

参考　カレンダー解説の文字・線の色

あなたの星座にとって星の動きがどんな意味を
持つか、わかりやすくカレンダーに書き込んで
みたのが、P.89からの「カレンダー解説」です。
色分けは厳密なものではありませんが、だいた
い以下のようなイメージで分けられています。

―――― 赤色
インパクトの強い出来事、意欲や情熱、
パワーが必要な場面。

―――― 水色
ビジネスや勉強、コミュニケーションなど、
知的な活動に関すること。

―――― 紺色
重要なこと、長期的に大きな意味のある変化。
精神的な変化、健康や心のケアに関すること。

―――― 緑色
居場所、家族に関すること。

―――― ピンク色
愛や人間関係に関すること。嬉しいこと。

―――― オレンジ色
経済活動、お金に関すること。

獅子座 2024年の
カレンダー解説

● 解説の文字・線の色のイメージは P.88 をご参照下さい ●

1 ·JANUARY·

mon	tue	wed	thu	fri	sat	sun
1	2	3	4	5	6	7
8	9	10	11	12	13	14
15	16	17	18	19	20	21
22	(23)	24	25	(26)	27	28
29	30	31				

2 ·FEBRUARY·

mon	tue	wed	thu	fri	sat	sun
			1	2	3	4
5	6	7	8	9	(10)	11
12	13	14	15	16	17	18
19	20	21	22	23	24	25
26	27	28	29			

2023/12/30–1/23　愛がキラキラ輝く、とても嬉しい時間。クリエイティブな活動にも強い追い風が吹く。遊び、趣味、子育てにも楽しく取り組める。

1/23–2/13　ぐっと調子が良くなる。動きやすくなり、暮らしやすくなりそう。持ち前のエネルギーを自然に打ち出せるようになる。集中力が出てくる。パワーアップする。

1/26　頑張ってきたことが認められ、大きく前進できる時。目指す場所に辿り着ける。一山越える時。大切なターニングポイント。

2/10　素敵な出会いの時。パートナーとの関係に新鮮な風が流れ込む。対話や交渉が始まる。

2/13–3/23　愛と情熱の関わりの時間。刺激的な人物、魅力的な人物との、運命を感じるような出会い。タフな交渉や「対決」に臨む人も。ドラマティックな愛の物語の進展もありそう。

3 ·MARCH·

mon	tue	wed	thu	fri	sat	sun
				1	2	3
4	5	6	7	8	9	10
11	12	13	14	15	16	17
18	19	20	21	22	23	24
(25)	26	27	28	29	30	31

4 ·APRIL·

mon	tue	wed	thu	fri	sat	sun
1	2	3	4	5	6	7
8	9	10	11	12	13	14
15	16	17	18	(19)	20	21
22	23	24	25	26	27	28
29	30					

3/23–4/5　経済活動が熱く盛り上がる。経済活動にまつわる人間関係に熱がこもる。パートナーの経済活動が活性期に。素晴らしいギフトを受け取る人も。特別なオファーがくる。

3/25　驚きの朗報が飛び込んでくる。劇的に「解る」ことがある。コミュニケーションが大きく広がる。

4/2–4/25　遠くから懐かしい人が訪ねてくるかも。または、自分から故郷に帰ったり、特別な場所を再訪したりすることになるかも。距離を越え、過去に戻れる。喜びも多い。愛のコミュニケーションが広がる。

4/19–6/3　たくさんのチャンスが巡ってくる、活躍の時。複数のことが同時に始まり、てんやわんやになるかも。ガンガン「攻める」姿勢で挑みたい時。

4/29–5/24　特別なステージに立てる。脚光を浴びる。大ブレイクを遂げる人も。仕事や対外的な活動において、非常に嬉しいことが起こる時。

5 ·MAY·

mon	tue	wed	thu	fri	sat	sun
		1	2	3	4	5
6	7	⑧	9	10	11	12
13	14	15	16	17	18	19
20	21	22	㉓	24	25	㉖
27	28	29	30	31		

6 ·JUNE·

mon	tue	wed	thu	fri	sat	sun
					1	2
3	4	5	6	7	8	9
10	11	12	13	14	15	16
17	18	19	20	21	22	23
24	25	26	27	28	29	30

5/8 新しいミッションが始まる。とてもフレッシュなタイミング。新しい目標を掲げ、行動を起こす人も。

5/23 「愛が満ちる・実る」時。クリエイティブな活動において、大きな成果を挙げる人も。

5/26-2025/6/10 「夢と友情の季節」へ。この1年の中で、人脈が大きく広がる。人に恵まれる。「親友」に出会う人も。ライフワークや、人生を賭けて追いかけたい夢を見つけられるかも。純粋に「嬉しい！」と思えることがたくさん起こる、自由で発展的な時間。

5/26-6/17 交友関係が一気に膨らむ。人気が出る。人に恵まれる。嬉しいことがたくさん起こる時。

6/9-7/21 仕事や対外的な活動における「勝負」の時間。ガンガン挑戦して結果を出せる。外に出て闘える時。多少の混乱やつまずきは気にせず、とにかく前進したい時。

7 • JULY •

mon	tue	wed	thu	fri	sat	sun
1	②	3	4	5	6	7
8	9	10	11	12	13	14
15	16	17	18	19	20	21
22	23	24	25	26	27	28
29	30	31				

7/2–9/9　じっくり時間をかけて取り組むべきテーマがある時。集中的に学べる。腰を据えてコミュニケーションを重ねる必要が出てくるかも。物事を深く考えられる。

7/12–8/5　キラキラ輝くような、楽しい時間。愛にも強い光が射し込む。より魅力的に「変身」する人も。

8 • AUGUST •

mon	tue	wed	thu	fri	sat	sun
			1	2	3	④
5	6	7	8	9	10	11
12	13	14	15	16	17	18
19	⑳	21	22	23	24	25
26	27	28	29	30	31	

8/4　特別なスタートライン。新しいことを始められる。目新しいことが起こる。素敵な節目。

8/15–8/29　再会・再訪・原点回帰の時。立ち止まって振り返る場面が増える。混乱や停滞は、時間が解決してくれる。ゆっくりじっくり。

8/20　人間関係に実りがある。誰かとの関係が大きく進展する。

9 ·SEPTEMBER·

mon	tue	wed	thu	fri	sat	sun
						1
2	3	4	5	6	7	8
9	10	11	12	13	14	15
16	17	⑱	19	20	21	22
㉓	24	25	26	27	28	29
30						

9/9–9/26　経済活動に新しい風が吹く。お金やモノの動きをしっかり整理できる。経済的な流れが良くなる。

9/18　びっくりするようなものを贈られるかも。経済的な問題を抱えている人は、この日の前後に問題が解決に向かうかも。

9/23–11/22　家族や住処について嬉しいことが起こりそう。身近な人と和気藹々と過ごせる。家の中をきちんと整理できる。掃除が捗る。

10 ·OCTOBER·

mon	tue	wed	thu	fri	sat	sun
	1	2	③	4	5	6
7	8	9	10	11	12	13
14	15	16	17	18	19	20
21	22	23	24	25	26	27
28	29	30	31			

10/3　朗報が飛び込んできそう。待っていた連絡が届く人も。ここから始まるコミュニケーションには、たくさんの未来が詰まっている。

10/18–11/12　愛がキラキラ輝く、とても嬉しい時間。クリエイティブな活動にも強い追い風が吹く。遊び、趣味、子育てにも楽しく取り組める。

11 ·NOVEMBER·

mon	tue	wed	thu	fri	sat	sun
				①	2	3
4	5	6	7	8	9	10
11	12	13	14	15	⑯	17
18	19	⑳	21	22	23	24
25	26	27	28	29	30	

12 ·DECEMBER·

mon	tue	wed	thu	fri	sat	sun
						①
2	3	4	5	6	7	8
9	10	11	12	13	14	15
16	17	18	19	20	21	22
23	24	25	26	27	28	29
30	31					

11/1　居場所に新しい風が吹き込む。家族や身近な人との関係が刷新される。

11/4–2025/1/6　大勝負の時。ガンガンチャレンジできる。何か新しいことを起ち上げる人も。この時期が「第一弾」で、2025年4月から6月に「第二弾」がある。時間をかけた大挑戦の季節。

11/16　大きな目標を達成できる。仕事や対外的な活動で大きな成果を挙げられる。

11/20　ここから2043年にかけて、誰かとの関係が非常に深く強いものになる。切っても切れないパートナーシップが生まれる、絶対的なプロセスが展開してゆく。

12/1　「愛が生まれる」タイミング。好きになれることに出会える。恋に落ちる人も。クリエイティブな活動の新しいスタートライン。

12/7–2025/1/3　人に恵まれる時。パートナーシップや恋愛にも、強い追い風が吹く。人への眼差しが変わる。誰かに対する強い思いが生まれる。

2024年のプチ占い（天秤座〜魚座）

天秤座（9/24-10/23生まれ）

出会いとギフトの年。自分では決して出会えないようなものを、色々な人から手渡される。チャンスを作ってもらえたり、素敵な人と繋げてもらえたりするかも。年の後半は大冒険と学びの時間に入る。

蠍座（10/24-11/22生まれ）

パートナーシップと人間関係の年。普段関わるメンバーが一変したり、他者との関わり方が大きく変わったりする。人と会う機会が増える。素晴らしい出会いに恵まれる。人から受け取るものが多い年。

射手座（11/23-12/21生まれ）

働き方や暮らし方を大きく変えることになるかも。健康上の問題を抱えていた人は、心身のコンディションが好転する可能性が。年の半ば以降は、出会いと関わりの時間に入る。パートナーを得る人も。

山羊座（12/22-1/20生まれ）

2008年頃からの「魔法」が解けるかも。執着やこだわり、妄念から解き放たれる。深い心の自由を得られる。年の前半は素晴らしい愛と創造の季節。楽しいことが目白押し。後半は新たな役割を得る人も。

水瓶座（1/21-2/19生まれ）

野心に火がつく。どうしても成し遂げたいことに出会えるかも。自分を縛ってきた鎖を粉砕するような試みができる。年の前半は新たな居場所を見つけられるかも。後半はキラキラの愛と創造の時間へ。

魚座（2/20-3/20生まれ）

コツコツ続けてきたことが、だんだんと形になる。理解者に恵まれ、あちこちから意外な助け船を出してもらえる年。年の半ばから約1年の中で、新しい家族が増えたり、新たな住処を見つけたりできる。

（※牡羊座〜乙女座はP.30）

星のサイクル
海王星

✿ 海王星のサイクル

　現在魚座に滞在中の海王星は、2025年3月に牡羊座へと移動を開始し、2026年1月に移動を完了します。つまり今、私たちは2012年頃からの「魚座海王星時代」を後にし、新しい「牡羊座海王星時代」を目前にしているのです。海王星のサイクルは約165年ですから、一つの星座の海王星を体験できるのはいずれも、一生に一度です。海王星は幻想、理想、夢、無意識、音楽、映像、海、オイル、匂いなど、目に見えないもの、手で触れないものに関係の深い星です。現実と理想、事実と想像、生と死を、私たちは生活の中で厳密に分けていますが、たとえば詩や映画、音楽などの世界では、その境界線は極めて曖昧になります。さらに、日々の生活の中でもごくマレに、両者の境界線が消える瞬間があります。その時私たちは、人生の非常に重要な、ある意味危険な転機を迎えます。「精神のイニシエーション」をしばしば、私たちは海王星とともに過ごすのです。以下、来年からの新しい「牡羊座海王星時代」を、少し先取りして考えてみたいと思います。

◆◇◇◆◇◇◆◇◇◆◇◇◆◇◇◆◇◇◆◇◇◆◇◇◆◇◇◆◇◇◆◇◇◆◇◇

海王星のサイクル年表（詳しくは次のページへ）

時　期	獅子座のあなたにとってのテーマ
1928年 - 1943年	魂とお金の関係
1942年 - 1957年	価値観、世界観の精神的アップデート
1955年 - 1970年	居場所、水、清らかな感情
1970年 - 1984年	愛の救い、愛の夢
1984年 - 1998年	心の生活、セルフケアの重要性
1998年 - 2012年	「他者との関わり」という救い
2011年 - 2026年	経済活動が「大きく回る」時
2025年 - 2039年	精神の学び
2038年 - 2052年	人生の、真の精神的目的
2051年 - 2066年	できるだけ美しい夢を描く
2065年 - 2079年	大スケールの「救い」のプロセス
2078年 - 2093年	コントロール不能な、精神的成長の過程

※時期について／海王星は順行・逆行を繰り返すため、星座の境界線を
何度か往復してから移動を完了する。上記の表で、開始時は最初の移動の
タイミング、終了時は移動完了のタイミング。

◆◇◇◆◇◇◆◇◇◆◇◇◆◇◇◆◇◇◆◇◇◆◇◇◆◇◇◆◇◇◆◇◇◆◇◇◆◇◇

◆ **1928-1943年　魂とお金の関係**

経済活動は「計算」が基本です。ですがこの時期は不思議と「計算が合わない」傾向があります。世の経済活動の多くは、実際には「割り切れないこと」だらけです。こうした「1＋1＝2」にならない経済活動の秘密を見つめるための「心の力」が成長する時期です。魂とお金の関係の再構築が進みます。

◆ **1942-1957年　価値観、世界観の精神的アップデート**

誰もが自分のイマジネーションの世界を生きています。どんなに「目の前の現実」を生きているつもりでも、自分自身の思い込み、すなわち「世界観」の外には、出られないのです。そうした「世界観」の柱となるのが、価値観や思想です。そうした世界観、枠組みに、大スケールのアップデートが起こります。

◆ **1955-1970年　居場所、水、清らかな感情**

心の風景と実際の生活の場の風景を、時間をかけて「洗い上げる」ような時間です。家族や「身内」と呼べる人たちとの深い心の交流が生まれます。居場所や家族との関係の変容がそのまま、精神的成長に繋がります。物理的な居場所のメンテナンスが必要になる場合も。特に水回りの整備が重要な時です。

◆ **1970-1984年　愛の救い、愛の夢**

感受性がゆたかさを増し、才能と個性が外界に向かって大きく開かれて、素晴らしい創造性を発揮できる時です。人の心を揺さぶるもの、人を救うものなどを、あなたの活動によって生み出せます。誰もが心の中になんらかの痛みや傷を抱いていますが、そうした傷を愛の体験を通して「癒し合える」時です。

◈ 1984-1998年 心の生活、セルフケアの重要性

できる限りワガママに「自分にとっての、真に理想と言える生活のしかた」を作ってゆく必要があります。自分の精神や「魂」が心底求めている暮らし方を、時間をかけて創造できます。もっともらしい精神論に惑わされて自分を見失わないで。他者にするのと同じくらい、自分自身をケアしたい時です。

◈ 1998-2012年 「他者との関わり」という救い

人から精神的な影響を受ける時期です。一対一での他者との関わりの中で、自分の考え方や価値観の独特な癖に気づかされ、さらに「救い」を得られます。相手が特に「救おう」というつもりがなくとも、その関係の深まり自体が救いとなるのです。人生を変えるような、大きな心の結びつきを紡ぐ時間です。

◈ 2011-2026年 経済活動が「大きく回る」時

「人のために、自分の持つ力を用いる」という意識を持つことと、「自分ではどうにもできないこと」をありのままに受け止めること。この二つのスタンスが、あなたを取り巻く経済活動を大きく活性化させます。無欲になればなるほど豊かさが増し、生活の流れが良くなるのです。性愛の夢を生きる人も。

◈ 2025-2039年 精神の学び

ここでの学びの目的は単に知識を得ることではなく、学びを通した精神的成長です。学びのプロセスは言わば「手段」です。「そんなことを学んで、なんの役に立つの？」と聞かれ、うまく答えられないようなことこそが、この時期真に学ぶべきテーマだからです。学びを通して、救いを得る人もいるはずです。

◆ 2038-2052年 人生の、真の精神的目的

仕事で大成功して「これはお金のためにやったのではない」と言う人がいます。「では、なんのためなのか」は、その人の精神に、答えがあります。この時期、あなたは自分の人生において真に目指せるものに出会うでしょう。あるいは、多くの人から賞賛されるような「名誉」を手にする人もいるはずです。

◆ 2051-2066年 できるだけ美しい夢を描く

人生で一番美しく、大きく、素敵な夢を描ける時です。その夢が実現するかどうかより、できるだけ素晴らしい夢を描くということ自体が重要です。夢を見たことがある人と、そうでない人では、人生観も大きく異なるからです。大きな夢を描き、希望を抱くことで、人生で最も大切な何かを手に入れられます。

◆ 2065-2079年 大スケールの「救い」のプロセス

あなたにとって「究極の望み」「一番最後の望み」があるとしたら、どんな望みでしょうか。「一つだけ願いを叶えてあげるよ」と言われたら、何を望むか。この命題に、新しい答えを見つけられます。「一つだけ叶う願い」は、あなたの心の救いとなり、さらに、あなたの大切な人を救う原動力ともなります。

◆ 2078-2093年 コントロール不能な、精神的成長の過程

「自分」が靄に包まれたように見えなくなり、アイデンティティを見失うことがあるかもしれません。意識的なコントロールや努力を離れたところで、人生の神髄に触れ、精神的な成長が深まります。この時期を終える頃、決して衰えることも傷つくこともない、素晴らしい人間的魅力が備わります。

～先取り！ 2025年からのあなたの「海王星時代」～
精神の学び

　精神の全てをかけて学べる時です。ここでの学びの目的は単に知識を得ることではなく、学びを通した精神的成長なのです。学びのプロセスは言わば「手段」です。外国語を学ぶ人、宗教学や心理学、哲学を学ぶ人、薬学や医学を学ぶ人、音楽や芸術、文学を学ぶ人もいるでしょう。勉強を即「実用」と考えている人は、この時期何を学ぶべきかわからず、迷走する時期もあるかもしれません。「そんなことを学んで、何の役に立つの？」と聞かれ、うまく答えられないようなことこそが、この時期真に学ぶべきテーマだからです。学びを通して、救いを得る人もいるはずです。

　遠方に旅に出る人も少なくないでしょう。とはいえ、「物理的な移動」に、あまり大きな意味はありません。書斎に閉じこもりながら世界中のことを知っている碩学がいますが、人間の精神はあらゆる手段で「旅」を実現できるのです。親戚縁者と、普段とは少し違った関わりを持つ人もいるでしょう。精神的な交流が可能になります。地域に受け継がれた祭礼などに参加して、

特別な経験をする人もいるでしょう。また、宗教的な啓示を得る人、人生の新しい理想に巡り合う人もいるはずです。人として目指すべき精神の高みを見出せる時間なのです。

　この時期、自分が「無知であること」について恥じ、悩む人もいるだろうと思います。さらに「未知のもの」は、私たちを不安にさせます。知らない人は不気味な存在ですし、知らない土地を恐ろしく感じる人もいます。こうした恐れはしばしば差別を生みます。ですが「知らない」ということに不安や恐怖を感じ、それを克服しようとすることこそ「学びの第一歩」です。何かを深く学べば学ぶほど、人は「その世界について、自分が知っていることは僅かだ」と感じるようになります。あなたが今感じている不安は、あなたが真に知的であるがゆえに生じた不安なのです。その不安を一朝一夕に取り除くことは、もちろん、不可能です。不安や自信のなさ、徒労感や無力感に襲われても、とにかく少しずつでも「知ろう」「学ぼう」としていくしかありません。一歩一歩、たゆまず歩んでいくうちに、いつか、視界が少しずつ明るくなります。

12星座プロフィール

獅子座のプロフィール
意思の星座

// I will.

キャラクター

◈ **肯定感と誇り**

　獅子座の人々は、どっしりとした肯定的な雰囲気をまとい、いつのまにか人々の中心にいます。太陽系の中心には太陽があって、そのまわりを惑星が回っていますが、獅子座の人はちょうどこの太陽に当たる存在なのです。周囲を意図的に引き寄せて中心に収まるのではなく、自ら輝いているだけで、自然に周囲の人々が自分のまわりを回り始めている、という感覚もあるかもしれません。

　とはいえ、獅子座の人は決して、「ただ漫然と座っている」存在ではありません。ゆったりと優雅に動きますが、常に愛する人に働きかけ、愛情を注ぎ、相手を活かすように気を配るのが、獅子座の人の生き方です。

　獅子座の人々は、自分自身が生きていることを「絶対的にいいことだ」と、肯定しています。そしてさらに、他者に対しても、同じ原理を適用するのです。自分にも他人にも、望みのままに生きる権利がある、ということを頭から信じ切り、それを守るのが、獅子座の人々の使命と言って

もいいでしょう。

◆ 自己表現力

　獅子座の人々は、自分を表現する力に恵まれています。これは、思ったことを開けっ放しに何でも言ってしまう、といったことではありません。そうではなく、まず心に美しい理想を描き、その理想の通りに動き、語るということです。ですから、たとえ心の中に暗く湿ったような醜い感情が渦巻いたとしても、決して外にそれを見せることはありません。獅子座の人が表現していたい「自己像」とは、いつも強く美しい、誇り高い姿だからです。獅子座の人が「表現するもの」は、「ありのままの自分」ではなく、「こうありたいと願う自分」の姿なのです。ゆえに、芸術家や俳優の才能を持っている人も少なくありません。獅子座の人の多くは幼い頃から注目されることに慣れています。人から見てもらえていない、と思うと、大人になっても不満や心細さを感じることがあるようです。

◆ 鎧に守られた繊細な心

　獅子座の人は「弱みを見せたくない」と願い、クールな、あるいはきらめくような「自己」を表現します。ですが、その内側には非常に傷つきやすい、繊細な心を抱えています。

決して弱みを見せない生き方は、孤独感に繋がっていきます。獅子座の人は、誰かに悩みや迷いを伝えるときにも、まるでそれが「すでに解決したこと」のように話し、相談に乗ってくれるはずだった相手を、逆に安心させてしまうのです。獅子座の人はその誇り高さゆえに、自分で自分を孤独によって傷つけるのです。

　このような孤独を守るのは、強く深い愛情です。孤独に飲み込まれないよう獅子座の人は強い愛で他者と結びつこうとするのです。その愛が獅子座の人の密かな孤独を理解したとき、彼らは自分の孤独を手放すことはしないまでも、その世界に「置き去り」にされることなく、持ち前の強さと繊細さを心の深い所で折り合わせながら、強い魅力で人を惹きつけつつ、生きていくことができるのです。

◆ 他者の欠点を「容れる」心

　獅子座の人々は非常に鋭い「観察眼」を持っています。人の悩みや苦しみ、弱点や欠点をすらりと見抜いてしまいます。ただ、それを「指摘する」ことはほぼ、ありません。むしろ「誰にでも欠点や弱みがあるのが当然だ」と考え、人の弱点を爽やかに許容できるのです。獅子座の「肯定」は、他者の権利や個性だけでなく、弱点や欠点をもやわらかく包み込むのです。

◈ 太陽

獅子座を支配する星は、太陽です。全天で最も明るく、か
つ、太陽系の中心に位置する星に支配されているのは、獅
子座だけです。獅子座がなぜ「王者の星座」なのかという
ことが、このことからもご納得頂けると思います。

しし座にはレグルスという恒星がありますが、これも「王
者」を意味する名前だと言われます。

「太陽のような人」と言えば、明るく強く、みんなをあた
たかな気持ちで包む人、というイメージが湧きます。獅子
座の人はまさに、太陽のような人々です。

◈ ネメアの獅子

獅子座の神話は、ヘラクレスの物語に登場します。大神
ゼウスと人間アルクメネの間に生まれたヘラクレスは、ゼ
ウスの正妻ヘラに憎まれ、「12の難行」に挑むことを余儀
なくされました。その第一の難行が、ネメアの谷に住むライ
オンの怪物を倒すことでした。矢も棍棒も跳ね返すライ
オンを、ヘラクレスは最後に素手で仕留め、そのかたい皮
をはぎ、自分自身の鎧としたのです。

ヘラクレス、という名前は、実は「ヘラの栄光」という
意味に通じるそうです。「母なるもの」には二つの面、すな

わち「守り育てる母」と「子供を飲み込もうとする母」との両面がある、とされます。子供は一方の母に守り育てられながら、もう一方の母と激しく対決する経験を経て、大人になります。多くのおとぎ話に登場する「継母（ままはは）」が実は実母であったように、ヘラもまた、ヘラクレスにとって「母なるもの」の一面を象徴しているのかもしれません。この鎧を得ることは、自分を飲み込もうとする他者の情動から、「自己」を引き離す最初の一歩であった、と考えることもできるのではないかと思います。

獅子座の才能

　特別なプレゼンテーションの才能に恵まれています。特に何かを表現しているという意識がなくとも、ふと気づけば周囲の目を自然に集めながら語っている、といったシチュエーションがよくあるのではないでしょうか。あなたが語り出すと、その場の中心があなたになるのです。目立つこと、際立つことがあなたには苦になりませんし、その場の中心的存在でいることに安心する、という才能があります。ゆえに、「場を運営する」「場をつくる」ことが上手な人が多いのです。

牡羊座　はじまりの星座　　　　　　　　　I am.

素敵なところ

裏表がなく純粋(じゅんすい)で、自他を比較しません。明るく前向きで、正義感が強く、諍(いさか)いのあともさっぱりしています。欲しいものを欲しいと言える勇気、自己主張する勇気、誤りを認める勇気の持ち主です。

キーワード

勢い／勝負／果断／負けず嫌い／せっかち／能動的／スポーツ／ヒーロー・ヒロイン／華やかさ／アウトドア／草原／野生／丘陵／動物愛／議論好き／肯定的／帽子・頭部を飾るもの／スピード／赤

 牡牛座　五感の星座　　　　　　　　　　　I have.

素敵なところ

感情が安定していて、態度に一貫性があります。知識や経験をたゆまずゆっくり、たくさん身につけます。穏やかでも不思議な存在感があり、周囲の人を安心させます。美意識が際立っています。

キーワード

感覚／色彩／快さ／リズム／マイペース／芸術／暢気(のんき)／贅沢／コレクション／一貫性／素直さと頑固さ／価値あるもの／美声・歌／料理／庭造り／変化を嫌う／積み重ね／エレガント／レモン色／白

 **双子座　知と言葉の星座**　　　　　　　　　I think.

素敵なところ

イマジネーション能力が高く、言葉と物語を愛するユニークな人々です。フットワークが良く、センサーが敏感で、いくつになっても若々しく見えます。場の空気・状況を変える力を持っています。

キーワード

言葉／コミュニケーション／取引・ビジネス／相対性／比較／関連づけ／物語／比喩／移動／旅／ジャーナリズム／靴／天使・翼／小鳥／桜色／桃色／空色／文庫本／文房具／手紙

蟹座 感情の星座　　　　　　　　　　　　　　　I feel.

素 敵 な と こ ろ

心優しく、共感力が強く、人の世話をするときに手間を惜しみません。行動力に富み、人にあまり相談せずに大胆なアクションを起こすことがありますが、「聞けばちゃんと応えてくれる」人々です。

キーワード

感情／変化／月／守護・保護／日常生活／行動力／共感／安心／繰り返すこと／拒否／生活力／フルーツ／アーモンド／巣穴／胸部、乳房／乳白色／銀色／真珠

 獅子座 意思の星座　　　　　　　　　　　　　　　I will.

素 敵 な と こ ろ

太陽のように肯定的で、安定感があります。深い自信を持っており、側にいる人を安心させることができます。人を頷かせる力、一目置かせる力、パワー感を持っています。内面には非常に繊細な部分も。

キーワード

強さ／クールさ／肯定的／安定感／ゴールド／背中／自己表現／演技／芸術／暖炉／広場／人の集まる賑やかな場所／劇場・舞台／お城／愛／子供／緋色／パープル／緑

 乙女座 分析の星座　　　　　　　　　　　　　　　I analyze.

素 敵 な と こ ろ

一見クールに見えるのですが、とても優しく世話好きな人々です。他者に対する観察眼が鋭く、シャープな批評を口にしますが、その相手の変化や成長を心から喜べる、「教育者」の顔を持っています。

キーワード

感受性の鋭さ／「気が利く」人／世話好き／働き者／デザイン／コンサバティブ／胃腸／神経質／分析／調合／変化／回復の早さ／迷いやすさ／研究家／清潔／ブルーブラック／空色／桃色

天秤座　関わりの星座

I balance.

素敵なところ

高い知性に恵まれると同時に、人に対する深い愛を抱いています。視野が広く、客観性を重視し、細やかな気遣いができます。内側には熱い情熱を秘めていて、個性的なこだわりや競争心が強い面も。

キーワード

人間関係／客観視／合理性／比較対象／美／吟味／審美眼／評価／選択／平和／交渉／結婚／諍（いさか）い／調停／パートナーシップ／契約／洗練／豪奢／黒／芥子（からし）色／深紅色／水色／薄い緑色／ベージュ

蠍座　情熱の星座

I desire.

素敵なところ

意志が強く、感情に一貫性があり、愛情深い人々です。一度愛したものはずっと長く愛し続けることができます。信頼に足る、芯の強さを持つ人です。粘り強く努力し、不可能を可能に変えます。

キーワード

融け合う心／継承／遺伝／魅力／支配／提供／共有／非常に古い記憶／放出／流動／隠されたもの／湖沼／果樹園／庭／葡萄酒／琥珀／茶色／濃い赤／カギつきの箱／ギフト

射手座　冒険の星座

I understand.

素敵なところ

冒険心に富む、オープンマインドの人々です。自他に対してごく肯定的で、恐れを知らぬ勇気と明るさで周囲を照らし出します。自分の信じるものに向かってまっすぐに生きる強さを持っています。

キーワード

冒険／挑戦／賭け／負けず嫌い／馬や牛など大きな動物／遠い外国／語学／宗教／理想／哲学／おおらかさ／自由／普遍性／スピードの出る乗り物／船／黄色／緑色／ターコイズブルー／グレー

山羊座　実現の星座　　　　　　　　　　　　　I use.

素敵なところ

夢を現実に変えることのできる人々です。自分個人の世界だけに収まる小さな夢ではなく、世の中を変えるような、大きな夢を叶えることができる力を持っています。優しく力強く、芸術的な人です。

キーワード

城を築く／行動力／実現／責任感／守備／権力／支配者／組織／芸術／伝統／骨董品／彫刻／寺院／華やかな色彩／ゴージャス／大きな楽器／黒／焦げ茶色／薄い茜色／深緑

 水瓶座　思考と自由の星座　　　　　　　　　I know.

素敵なところ

自分の頭でゼロから考えようとする、澄んだ思考の持ち主です。友情に篤く、損得抜きで人と関わろうとする、静かな情熱を秘めています。ユニークなアイデアを実行に移すときは無二の輝きを放ちます。

キーワード

自由／友情／公平・平等／時代の流れ／流行／メカニズム／合理性／ユニセックス／神秘的／宇宙／飛行機／通信技術／電気／メタリック／スカイブルー／チェック、ストライプ

 魚座　透明な心の星座　　　　　　　　　　　I believe.

素敵なところ

人と人とを分ける境界線を、自由自在に越えていく不思議な力の持ち主です。人の心にするりと入り込み、相手を支え慰めることができます。場や世界を包み込むような大きな心を持っています。

キーワード

変容／変身／愛／海／救済／犠牲／崇高／聖なるもの／無制限／変幻自在／天衣無縫／幻想／瞑想／蠱惑（こわく）／エキゾチック／ミステリアス／シースルー／黎明／白／ターコイズブルー／マリンブルー

用語解説

　星占いで用いる星々のうち、太陽と月以外の惑星と冥王星は、しばしば「逆行」します。これは、星が実際に軌道を逆走するのではなく、あくまで「地球からそう見える」ということです。

　たとえば同じ方向に向かう特急電車が普通電車を追い抜くとき、相手が後退しているように見えます。「星の逆行」は、この現象に似ています。地球も他の惑星と同様、太陽のまわりをぐるぐる回っています。ゆえに一方がもう一方を追い抜くとき、あるいは太陽の向こう側に回ったときに、相手が「逆走している」ように見えるのです。

　星占いの世界では、星が逆行するとき、その星の担うテーマにおいて停滞や混乱、イレギュラーなことが起こる、と解釈されることが一般的です。ただし、この「イレギュラー」は「不運・望ましくない展開」なのかというと、そうではありません。

　私たちは自分なりの推測や想像に基づいて未来の計画を立て、無意識に期待し、「次に起こること」を待ち受けます。その「待ち受けている」場所に思い通りのボールが飛んでこなかったとき、苛立ちや焦り、不安などを感じます。でも、そのこと自体が「悪いこと」かというと、決してそうではないはずです。なぜなら、人間の推測や想像には、限界があるか

らです。推測通りにならないことと、「不運」はまったく別のことです。

　星の逆行時は、私たちの推測や計画と、実際に巡ってくる未来とが「噛み合いにくい」ときと言えます。ゆえに、現実に起こる出来事全体が、言わば「ガイド役・導き手」となります。目の前に起こる出来事に導いてもらうような形で先に進み、いつしか、自分の想像力では辿り着けなかった場所に「つれていってもらえる」わけです。

　水星の逆行は年に三度ほど、一回につき3週間程度で起こります。金星は約1年半ごと、火星は2年に一度ほど、他の星は毎年太陽の反対側に回る数ヵ月、それぞれ逆行します。

　たとえば水星逆行時は、以下のようなことが言われます。

◆ 失せ物が出てくる／この時期なくしたものはあとで出てくる
◆ 旧友と再会できる
◆ 交通、コミュニケーションが混乱する
◆ 予定の変更、物事の停滞、遅延、やり直しが発生する

　これらは「悪いこと」ではなく、無意識に通り過ぎてしまった場所に忘れ物を取りに行くような、あるいは、トンネルを通って山の向こうへ出るような動きです。掛け違えたボタンを外してはめ直すようなことができる時間なのです。

ボイドタイム─月のボイド・オブ・コース

　ボイドタイムとは、正式には「月のボイド・オブ・コース」
となります。実は、月以外の星にもボイドはあるのですが、月
のボイドタイムは3日に一度という頻度で巡ってくるので、
最も親しみやすい（？）時間と言えます。ボイドタイムの定
義は「その星が今いる星座を出るまで、他の星とアスペクト
（特別な角度）を結ばない時間帯」です。詳しくは占星術の教
科書などをあたってみて下さい。
　月のボイドタイムには、一般に、以下のようなことが言わ
れています。

　◆ 予定していたことが起こらない／想定外のことが起こる

　◆ ボイドタイムに着手したことは無効になる

　◆ 期待通りの結果にならない

　◆ ここでの心配事はあまり意味がない

　◆ 取り越し苦労をしやすい

　◆ 衝動買いをしやすい

　◆ この時間に占いをしても、無効になる。意味がない

　ボイドをとても嫌う人も少なくないのですが、これらをよ
く見ると、「悪いことが起こる」時間ではなく、「あまりいろ
いろ気にしなくてもいい時間」と思えないでしょうか。

とはいえ、たとえば大事な手術や面接、会議などがこの時間帯に重なっていると「予定を変更したほうがいいかな？」という気持ちになる人もいると思います。

　この件では、占い手によっても様々に意見が分かれます。その人の人生観や世界観によって、解釈が変わり得る要素だと思います。

　以下は私の意見なのですが、大事な予定があって、そこにボイドや逆行が重なっていても、私自身はまったく気にしません。

　では、ボイドタイムは何の役に立つのでしょうか。一番役に立つのは「ボイドの終わる時間」です。ボイド終了時間は、星が星座から星座へ、ハウスからハウスへ移動する瞬間です。つまり、ここから新しい時間が始まるのです。

　たとえば、何かうまくいかないことがあったなら、「366日のカレンダー」を見て、ボイドタイムを確認します。もしボイドだったら、ボイド終了後に、物事が好転するかもしれません。待っているものが来るかもしれません。辛い待ち時間や気持ちの落ち込んだ時間は、決して「永遠」ではないのです。

　本書では月の位置している星座から、自分にとっての「ハウス」を読み取り、毎日の「月のテーマ」を紹介しています。ですが月にはもう一つの「時計」としての機能があります。それは、「満ち欠け」です。

　月は1ヵ月弱のサイクルで満ち欠けを繰り返します。夕方に月がふと目に入るのは、新月から満月へと月が膨らんでいく時間です。満月から新月へと月が欠けていく時間は、月が夜遅くから明け方でないと姿を現さなくなります。

　夕方に月が見える・膨らんでいく時間は「明るい月の時間」で、物事も発展的に成長・拡大していくと考えられています。一方、月がなかなか出てこない・欠けていく時間は「暗い月の時間」で、物事が縮小・凝縮していく時間となります。

　これらのことはもちろん、科学的な裏付けがあるわけではなく、あくまで「古くからの言い伝え」に近いものです。

　新月と満月のサイクルは「時間の死と再生のサイクル」です。このサイクルは、植物が繁茂しては枯れ、種によって子孫を残す、というイメージに重なります。「死」は本当の「死」ではなく、種や球根が一見眠っているように見える、その状態を意味します。

　そんな月の時間のイメージを、図にしてみました。

【新月】
種蒔き

芽が出る、新しいことを始める、目標を決める、新品を下ろす、髪を切る、悪癖をやめる、コスメなど、古いものを新しいものに替える

【上弦】
成長

勢い良く成長していく、物事を付け加える、増やす、広げる、決定していく、少し一本調子になりがち

【満月】
開花、
結実

達成、到達、充実、種の拡散、実を収穫する、人間関係の拡大、ロングスパンでの計画、このタイミングにゴールや〆切を設定しておく

【下弦】
貯蔵、
配分

加工、貯蔵、未来を見越した作業、不要品の処分、故障したものの修理、古物の再利用を考える、蒔くべき種の選別、ダイエット開始、新月の直前、材木を切り出す

【新月】
次の
種蒔き

新しい始まり、仕切り直し、軌道修正、過去とは違った選択、変更

以下、月のフェーズを六つに分けて説明してみます。

● 新月　New moon

「スタート」です。時間がリセットされ、新しい時間が始まる！というイメージのタイミングです。この日を境に悩みや迷いから抜け出せる人も多いようです。とはいえ新月の当日は、気持ちが少し不安定になる、という人もいるようです。細い針のような月が姿を現す頃には、フレッシュで爽やかな気持ちになれるはずです。日食は「特別な新月」で、1年に二度ほど起こります。ロングスパンでの「始まり」のときです。

● 三日月〜 ● 上弦の月　Waxing crescent - First quarter moon

ほっそりした月が半月に向かうに従って、春の草花が生き生きと繁茂するように、物事が勢い良く成長・拡大していきます。大きく育てたいものをどんどん仕込んでいけるときです。

● 十三夜月〜小望月（こもちづき）　Waxing gibbous moon

少量の水より、大量の水を運ぶときのほうが慎重さを必要とします。それにも似て、この時期は物事が「完成形」に近づき、細かい目配りや粘り強さ、慎重さが必要になるようです。一歩一歩確かめながら、満月というゴールに向かいます。

◯ 満月　Full moon

新月からおよそ2週間、物事がピークに達するタイミングです。文字通り「満ちる」ときで、「満を持して」実行に移せることもあるでしょう。大事なイベントが満月の日に計画されている、ということもよくあります。意識してそうしたのでなくとも、関係者の予定を繰り合わせたところ、自然と満月前後に物事のゴールが置かれることがあるのです。

月食は「特別な満月」で、半年から1年といったロングスパンでの「到達点」です。長期的なプロセスにおける「折り返し地点」のような出来事が起こりやすいときです。

◑ 十六夜の月〜寝待月　Waning gibbous moon

樹木の苗や球根を植えたい時期です。時間をかけて育てていくようなテーマが、ここでスタートさせやすいのです。また、細くなっていく月に擬えて、ダイエットを始めるのにも良い、とも言われます。植物が種をできるだけ広くまき散らそうとするように、人間関係が広がるのもこの時期です。

◑ 下弦の月〜 ◑ 二十六夜月　Last quarter - Waning crescent moon

秋から冬に球根が力を蓄えるように、ここでは「成熟」がテーマとなります。物事を手の中にしっかり掌握し、力をためつつ「次」を見据えてゆっくり動くときです。いたずらに物珍しいことに踊らされない、どっしりした姿勢が似合います。

◆ 太陽星座早見表　獅子座

（1930〜2025年／日本時間）

太陽が獅子座に滞在する時間帯を下記の表にまとめました。
これより前は蟹座、これより後は乙女座ということになります。

生まれた年	期　間		生まれた年	期　間
1930	7/23　23:42 ～ 8/24　6:25		1954	7/23　18:45 ～ 8/24　1:35
1931	7/24　5:21 ～ 8/24　12:09		1955	7/24　0:25 ～ 8/24　7:18
1932	7/23　11:18 ～ 8/23　18:05		1956	7/23　6:20 ～ 8/23　13:14
1933	7/23　17:05 ～ 8/23　23:51		1957	7/23　12:15 ～ 8/23　19:07
1934	7/23　22:42 ～ 8/24　5:31		1958	7/23　17:50 ～ 8/24　0:45
1935	7/24　4:33 ～ 8/24　11:23		1959	7/23　23:45 ～ 8/24　6:43
1936	7/23　10:18 ～ 8/23　17:10		1960	7/23　5:37 ～ 8/23　12:33
1937	7/23　16:07 ～ 8/23　22:57		1961	7/23　11:24 ～ 8/23　18:18
1938	7/23　21:57 ～ 8/24　4:45		1962	7/23　17:18 ～ 8/24　0:11
1939	7/24　3:37 ～ 8/24　10:30		1963	7/23　22:59 ～ 8/24　5:57
1940	7/23　9:34 ～ 8/23　16:28		1964	7/23　4:53 ～ 8/23　11:50
1941	7/23　15:26 ～ 8/23　22:16		1965	7/23　10:48 ～ 8/23　17:42
1942	7/23　21:07 ～ 8/24　3:57		1966	7/23　16:23 ～ 8/23　23:17
1943	7/24　3:05 ～ 8/24　9:54		1967	7/23　22:16 ～ 8/24　5:11
1944	7/23　8:56 ～ 8/23　15:45		1968	7/23　4:07 ～ 8/23　11:02
1945	7/23　14:45 ～ 8/23　21:34		1969	7/23　9:48 ～ 8/23　16:42
1946	7/23　20:37 ～ 8/24　3:25		1970	7/23　15:37 ～ 8/23　22:33
1947	7/24　2:14 ～ 8/24　9:08		1971	7/23　21:15 ～ 8/24　4:14
1948	7/23　8:08 ～ 8/23　15:02		1972	7/23　3:03 ～ 8/23　10:02
1949	7/23　13:57 ～ 8/23　20:47		1973	7/23　8:56 ～ 8/23　15:52
1950	7/23　19:30 ～ 8/24　2:22		1974	7/23　14:30 ～ 8/23　21:28
1951	7/24　1:21 ～ 8/24　8:15		1975	7/23　20:22 ～ 8/24　3:23
1952	7/23　7:08 ～ 8/23　14:02		1976	7/23　2:18 ～ 8/23　9:17
1953	7/23　12:52 ～ 8/23　19:44		1977	7/23　8:04 ～ 8/23　14:59

生まれた年	期間			
1978	7/23 14:00	～	8/23	20:56
1979	7/23 19:49	～	8/24	2:46
1980	7/23 1:42	～	8/23	8:40
1981	7/23 7:40	～	8/23	14:37
1982	7/23 13:15	～	8/23	20:14
1983	7/23 19:04	～	8/24	2:06
1984	7/23 0:58	～	8/23	7:59
1985	7/23 6:36	～	8/23	13:35
1986	7/23 12:24	～	8/23	19:25
1987	7/23 18:06	～	8/24	1:09
1988	7/22 23:51	～	8/23	6:53
1989	7/23 5:46	～	8/23	12:45
1990	7/23 11:22	～	8/23	18:20
1991	7/23 17:11	～	8/24	0:12
1992	7/22 23:09	～	8/23	6:09
1993	7/23 4:51	～	8/23	11:49
1994	7/23 10:41	～	8/23	17:43
1995	7/23 16:30	～	8/23	23:34
1996	7/22 22:19	～	8/23	5:22
1997	7/23 4:15	～	8/23	11:18
1998	7/23 9:55	～	8/23	16:58
1999	7/23 15:44	～	8/23	22:50
2000	7/22 21:43	～	8/23	4:47
2001	7/23 3:27	～	8/23	10:27

生まれた年	期間			
2002	7/23 9:16	～	8/23	16:17
2003	7/23 15:05	～	8/23	22:08
2004	7/22 20:51	～	8/23	3:53
2005	7/23 2:42	～	8/23	9:46
2006	7/23 8:19	～	8/23	15:23
2007	7/23 14:01	～	8/23	21:08
2008	7/22 19:56	～	8/23	3:02
2009	7/23 1:37	～	8/23	8:39
2010	7/23 7:22	～	8/23	14:27
2011	7/23 13:13	～	8/23	20:21
2012	7/22 19:02	～	8/23	2:07
2013	7/23 0:57	～	8/23	8:02
2014	7/23 6:42	～	8/23	13:46
2015	7/23 12:32	～	8/23	19:37
2016	7/22 18:31	～	8/23	1:39
2017	7/23 0:16	～	8/23	7:20
2018	7/23 6:01	～	8/23	13:09
2019	7/23 11:52	～	8/23	19:02
2020	7/23 17:38	～	8/23	0:45
2021	7/22 23:28	～	8/23	6:35
2022	7/23 5:07	～	8/23	12:15
2023	7/23 10:51	～	8/23	18:01
2024	7/22 16:45	～	8/22	23:54
2025	7/22 22:30	～	8/23	5:33

おわりに

　年次版の文庫サイズ『星栞』は、本書でシリーズ5作目となりました。昨年の「スイーツ」をモチーフにした12冊はそのかわいらしさから多くの方に手に取って頂き、とても嬉しかったです。ありがとうございます！

　そして2024年版の表紙イラストは、一見して「何のテーマ？？？」となった方も少なくないかと思うのですが、実は「ペアになっているもの」で揃えてみました（！）。2024年の星の動きの「軸」の一つが、木星の牡牛座から双子座への移動です。双子座と言えば「ペア」なので、双子のようなものやペアでしか使わないようなものを、表紙のモチーフとして頂いたのです。柿崎サラさんに、とてもかわいくスタイリッシュな雰囲気に描いて頂けて、みなさんに手に取って頂くのがとても楽しみです。

　星占いの12星座には「ダブルボディーズ・サイン」と呼ばれる星座があります。すなわち、双子座、乙女座、射手座、魚座です。双子座は双子、魚座は「双魚宮」で2体です。メソポタミア時代の古い星座絵には、乙女座付近に複数の乙女が描かれています。そして、射手座は上半身が人

126

間、下半身が馬という、別の意味での「ダブルボディ」となっています。「ダブルボディーズ・サイン」は、季節の変わり目を担当する星座です。「三寒四温」のように行きつ戻りつしながら物事が変化していく、その複雑な時間を象徴しているのです。私たちも、様々な「ダブルボディ」を生きているところがあるように思います。職場と家では別の顔を持っていたり、本音と建前が違ったり、過去の自分と今の自分は全く違う価値観を生きていたりします。こうした「違い」を「八方美人」「ブレている」などと否定する向きもありますが、むしろ、色々な自分を生きることこそが、自由な人生、と言えないでしょうか。2024年は「自分」のバリエーションを増やしていくような、それによって心が解放されていくような時間となるのかもしれません。

星栞 2024年の星占い
獅子座

2023年9月30日　第1刷発行

著者　　　石井ゆかり

発行人　石原正康
発行元　株式会社 幻冬舎コミックス
　　　　〒151-0051 東京都渋谷区千駄ヶ谷4-9-7
　　　　電話 03-5411-6431（編集）
発売元　株式会社 幻冬舎
　　　　〒151-0051 東京都渋谷区千駄ヶ谷4-9-7
　　　　電話 03-5411-6222（営業）
　　　　振替 00120-8-767643

印刷・製本所：株式会社 光邦
デザイン：竹田麻衣子（Lim）
DTP：株式会社 森の印刷屋、安居大輔（Dデザイン）
STAFF：齋藤至代（幻冬舎コミックス）、
　　　　佐藤映湖・滝澤 航（オーキャン）、三森定史
装画：柿崎サラ